Jesus liebt Radfahrer – Navid auch

Wie uns Gottgesandte, Waffennarren und Warmduscher aus der Klemme halfen

Claudia Hildenbrandt
Daniel Mathias

REISE Splitter

IMPRESSUM

Reisesplitter
Jesus liebt Radfahrer – Navid auch
Wie uns Gottgesandte, Waffennarren und Warmduscher aus der Klemme halfen

von Claudia Hildenbrandt und Daniel Mathias

erschienen im
Reise Know-How Verlag Peter Rump GmbH
Osnabrücker Str. 79, 33649 Bielefeld

1. Auflage 2020

Gestaltung: der Verlag
Lektorat: der Verlag

Alle Fotos, soweit nicht anders angegeben:
Claudia Hildenbrandt und Daniel Mathias,
www.machaon-lights.com

Druck und Bindung:
mediaprint solutions GmbH, Paderborn

ISBN 978-3-8317-3341-5

ISBN pdf 978-3-8317-5167-9
ISBN epub 978-3-8317-5168-6
ISBN mobi 978-3-8317-5169-3

Bibliografische Information der Deutschen Nationalbibliothek
Die Deutsche Nationalbibliothek verzeichnet diese Publikation in der Deutschen Nationalbibliografie; detaillierte bibliografische Daten sind im Internet über http://dnb.dnb.de abrufbar.

Reise Know-How Bücher finden Sie in allen gut sortierten Buchhandlungen. Falls nicht, kann Ihre Buchhandlung unsere Bücher hier bestellen:
D: Prolit, prolit.de und alle Barsortimente
CH: AVA Verlagsauslieferung AG, ava.ch
A, Südtirol: Mohr Morawa Buchvertrieb, mohrmorawa.at
B, LUX, NL: Willems Adventure, willemsadventure.nl
oder direkt über den Verlag:
www.reise-know-how.de

Dank für die Mitarbeit an diesem Buch geht an Aneta Niemitz, Thorsten Altheide, Anna Hildebrandt und Hannah Kretschmer

FÜR DAS DRITTE IM BUNDE.
UND DAS VIERTE.

Inhalt

Anhang

SKARDUTAL, PAKISTAN

Eine steile Straße windet sich entlang des Indus

VORWORT

Feierabend! – Sie, ja Sie, kommen von der Arbeit nach Hause. Hinein in die Jogginghose, schnell den Tisch decken. Endlich Ruhe. Nichtstun. Endlich frei.

Plötzlich surrt die Haustürklingel. Wer ist denn das jetzt noch? Sie öffnen – und zwei verschwitzte Radfahrer stehen vor Ihnen. Die beiden sprechen alles, nur kein Deutsch und zeigen auf Ihr Grundstück, mit Hundeblick. Ihnen dämmert, was die Fremden wollen: ein Zelt auf Ihrem Rasen aufstellen, eine Nacht in Ihrem Garten kampieren. Was machen Sie? Vertrauen Sie den Unbekannten?

Und noch eine Situation: Sie rumpeln im Jeep über die Hochebene Boliviens. Um Sie herum nur Sand, bunte und dennoch tote Berge. Sie fragen sich, ob der Fahrer sein Handwerk wirklich beherrscht, ob der Wagen hält? Ob Sie hier oben schneller erfrieren oder verdursten? Plötzlich sehen Sie eine Frau und einen Mann vollbeladene Räder durch den Sand schieben. Inmitten der Hochwüste. Mitten im Nichts. Wie reagieren Sie?

Daniel und ich könnten diese Radverrückten sein. Zwei Jahre lang setzen wir uns fünf Kontinenten aus: Europa, Asien, Nord- und Südamerika, und zum Schluss in Marokko ein Stück von Afrika. Packen 32.000 Kilometer im Sattel. Nichts schirmt uns von den Bewohnern ab, keine Fahrzeugkarosse und kein üppiges Reisebudget, das Hotels erlaubt und damit Privatsphäre erkauft. 769 Tage sind wir angewiesen auf die Hilfe der Einheimischen, auf ihr Wohlwollen, ihren *goodwill*. In „Schurkenstaaten", in touristischen Gebieten, in der Ödnis, im Stadtgewimmel. Doch auch die andere Seite muss sich offenbaren. *Locals* wie Touristen müssen entscheiden, in Sekundenschnelle: Ob sie uns helfen oder fortjagen. Ob sie vertrauen oder misstrauen. Ob sie sich einlassen oder nicht.

Da sind Jeanne und Dave aus Kalifornien, an deren Haustür wir nach Feierabend klopfen. Die uns herzlich hineinwinken, Caipirinhas mixen, Snacks drapieren. Als seien wir geladene Gäste, als seien wir lang ersehnt. Die ihr Bad vorheizen und hotelweiße Handtücher bereitlegen, um uns mit dem Luxus einer heißen Dusche zu beseelen.

Da ist Dahae, ein Schweizer Tourist, der im Jeep die Hochebene Boliviens erkundet. Uns leiden sieht und den Fahrer zum Anhalten auffordert. Aussteigt, uns ausfragt, die Hand schüttelt, uns drückt. Und einen 100-Dollar-Schein schenkt – für ein feines Essen zurück in der Zivilisation.

Da ist ein Bauarbeiter in Chile, der mich spontan den Berg hochschiebt. Ein Eislieferant in Iran, der Vanille und Schoko spendiert. Ja, da sind auch Giftzwerge, die selbst mit Leitungswasser geizen. Die nichts loslassen wollen, können.

In diesem Buch zählen wir weder Schweißtropfen noch Schlangenbisse, weder Stürze noch Magen-Darm-Infektionen. Natürlich schildern wir Strapazen – doch nur um von Engeln und Herzlosen zu erzählen. Um zu berichten, wie uns Unbekannte in haarsträubenden Situationen aus der Klemme helfen, uns zum Weitermachen antreiben. „Pay it forward!", „Gib's weiter!", bitten uns viele US-Amerikaner: Wir helfen euch, damit ihr wiederum anderen zur Seite steht. In diesem Sinne soll das Buch inspirieren.

Außerdem skizzieren wir Frauen und Männer, die uns mit ihrem Mut und ihrer Haltung Kompass und Wegweiser sind. Constanza, die die verkauften Kinder Chiles findet. Dean, der als Rentner niemals seine Neugier verliert. David, der Südpol-Ingenieur. Claris, die einen Erdrutsch überlebte und „Ferne", ein stiller Protestler in China.

„Staunt euch die Augen aus dem Kopf, lebt, als würdet ihr in zehn Sekunden tot umfallen. Bereist die Welt. Sie ist fantastischer als jeder Traum, der in einer Fabrik hergestellt wird." Autor Ray Bradbury feuert zum Leben, zum Reisen und Lernen an. Mögen die Geschichten in diesem Buch zünden. Mögen sie erstaunen, verstören, wissbegierig und weltwach machen.

MARKTFRAU IN BUCHARA
USBEKISTAN

JESUS LIEBT RADFAHRER – NAVID AUCH

„Warum hast du uns geholfen?“, wollen wir wissen. „Allah hat mir einen Wink gegeben und gesagt: Da vorne, die Radfahrer brauchen Hilfe. Frag’ mal, was los ist.“

Im Landeanflug beginnt das Verkleiden. Der Iran duldet keine bloße Haut und keine sichtbaren Haare. Dunkle Blusen, lange Tücher. Die Schöne neben mir verwandelt sich in einen Geist. Sie kennt das Spiel, ich nicht. Linkisch setze ich mein Tuch auf, fühle mich klein und entfremdet von mir selbst und der Lächerlichkeit preisgegeben, wie schon als Kind im Karnevalskostüm. Ich schäme mich, vor Daniel, vor mir selbst und starre auf den Boden. Auch Daniel sagt kein Wort, ist nervös. Still verlassen wir den Flieger. Iran, das erste Land unserer Reise.

„Iran, nicht Irak."

Jetzt also hier, wo es „keinen Krieg und keine Anschläge gibt", wo „alles *safe*" ist. Nichts konnte die Sorgen unserer Eltern mindern. Auch wir waren ängstlich, doch der Flug günstig und die Neugier auf ein muslimisches, ein verrufenes Land drängte.

Jetzt also hier, am Flughafen in Teheran. Der Kontrolleur lächelt und ich komme durch, Daniel nicht. Es piept, der Polizist schaut erschrocken. Er prüft Daniels Pass, zweimal, dreimal. „Mister, Mister, big problem, big problem. Interpol. Interpol!" Unsere Reise steht vor dem Aus, bevor sie begonnen hat.

Daniels Pass: gestohlen, warnt der Computer. Warum, wissen wir nicht. Es ist Mitternacht und Interpol schläft. Kein anderer kann seine Unschuld versichern. Alles rauscht vorbei, Männer, Frauen. Polizisten hasten auf uns zu. Hier und jetzt ist Daniel ein Verbrecher. „Sit down. Shut up!", bellt ein Bewaffneter – nur ein Dummkopf würde rebellieren.

Stunden kauern wir auf unseren Plätzen. Er eingeklemmt zwischen Wachmännern, ich bei unserem Gepäck. Zu müde, zu matt, um zu verzweifeln. Warten. Dösen. Warten. Irgendwann wird es draußen hell. Dann der Anruf: Interpol gibt grünes Licht, und die Polizei Daniel endlich, endlich frei.

Jetzt keine Zeit mehr vertrödeln. Zügig bauen wir die Räder zusammen und machen uns auf den ersten Metern mit der Autobahn vertraut. LKWs dröhnen, Busse knattern an uns vorbei, die Fahrer immer einen Finger an der Hupe. Ein Seitenstreifen schützt nichts weniger als unser Leben. Die Sonne knallt und der Gegenwind schmeckt nach Diesel. Bloß weg von hier, abfahren. Wir verfransen uns im Industrie-Irrgarten der Hauptstadt, nicht ganz das Ziel von Touristen. Keiner kann helfen. Kilometer für Kilometer fahren wir blind, orientierungslos. Es beginnt zu dämmern. Plötzlich hält ein verschrammter Renault und ein Mann mit Vokuhila kurbelt die Scheibe herunter. „My name is Navid. Need help?“ Navid: nie verheiratet, keine Kinder, einst Kioskbesitzer in New York. Er eskortiert uns zu seiner Wohnung mit schiefer Tür und geflickten Fenstern, öffnet den Kühlschrank und reicht Bier – Schmuggelware aus der Türkei, für acht Dollar die Flasche. Ein Segen, wenn auch ein verbotener in Iran. Als seine Eltern Hilfe brauchten, kehrte Navid nach Teheran zurück. Seine Schwester sei noch immer in den Staaten, wage sich aber wegen Trumps *travel ban* nicht mehr aus dem Land – aus Angst, nie wieder hinein zu dürfen. Wir sollten über Nacht bleiben, beharrt Navid und scheucht die Hühner

MIKE AUS RIDGECREST, KALIFORNIEN

HIER WIRD CLAUDIA UNSICHTBAR

MOSCHEE IN GONBAD-E KAVUS, IRAN

GORGAN, IRAN

aus dem Schlafzimmer. Am nächsten Morgen weist er uns den Weg aus dem Industrie-Wirrwarr. „Warum hast du uns geholfen?", wollen wir wissen. „Allah hat mir einen Wink gegeben und gesagt: Da vorne, die Radfahrer brauchen Hilfe. Frag mal, was los ist."

Ein knappes Jahr später, beim Erzfeind des Iran: in den USA. Kurz vor der Querung des Death Valley hält uns ein Sandsturm gefangen, in Ridgecrest, Kalifornien. Die Stadt scheint zu verrosten, Vernunft und Ekel verbieten das Kampieren zwischen Müllkippen, Fastfood-Buden und ausgezehrten Kötern. Wieder kurbeln wir orientierungslos, wieder dämmert es. Erst einmal einkaufen, es muss sich was ergeben! „Schau mal ein bisschen traurig und dumm", instruiere ich Daniel, bevor ich mich im Supermarkt verlaufe. Und er macht seinen Job glänzend. Mike lädt uns in das Haus seiner Schwiegermutter ein. Die sei kürzlich verstorben, wir könnten so lange bleiben, wie wir wollten. Das Bett sei frisch bezogen und das Badezimmer vorgeheizt. „Bedient euch in der Vorratskammer, da stehen noch tonnenweise Pasta, Oliven, Dosenobst – und Bier." Mike und seine Frau Debby erzählen von ihrem Sohn – kurz nach dem 18. Geburtstag überrollt von einem LKW. Am Gottvertrauen halten sie sich bis heute fest. „Ich bin eigentlich gar nicht der Typ, der Fremde einlädt", gesteht Mike. „Debby meinte, ich sei nun völlig verrückt." Warum er uns dann geholfen habe, wollen wir wissen. „Jesus hat mir einen Wink gegeben und gesagt: Da vorne, die Radfahrer brauchen Hilfe. Frag mal, was los ist."

Zurück in Iran, zu Beginn der Reise: Ich trample auf Gardinenstoff und schwitze wie in einem Clownskostüm.

Hier reicht das Kopftuch nicht, hier gängelt man mit einem Umhang. Schon am Eingangstor war eine Pförtnerin auf mich zugeeilt, den Stoff in der Hand. Sie hatte keine Gnade mit mir, auch nicht bei 36 Grad. Imam Rezas Schrein in Mashhad: Ein heiliger Ort, den ich heute am liebsten verwünschen würde. 20 Millionen pilgern jährlich hierher. Immer wieder auf den Umhang tretend, stolpere ich zur Taschenkontrolle. Ich muss aus meiner Wasserflasche trinken – die einfachste Sprengstoffprobe der Welt. Eine schwarz verschleierte Frau tastet mich ab. Woher ich käme, ob ich Kinder habe, fragt sie und streicht sanft meinen Tschador glatt. Sie meint es gut. Bevor ich hinaus darf, umfasst sie meine Hände: „Bitte, geh nach Hause und erzähle deiner Familie und all deinen Freunden, dass wir keine Terroristen sind."

12.000 Radkilometer entfernt, wieder beim Rivalen, wieder in den USA: „We would like to further assist you

REBECCA UND MARK | UTAH, USA

HINTERGRUND ISLAM

aus: „KulturSchock Islam" von Susanne Thiel

In der heutigen islamisch geprägten Welt kommt „der Schleier" als Kleidungsstück in vielen Formen und Varianten vor und wird auf unterschiedliche Art und Weise getragen. Der Nikab ist ein bodenlanges Gewand, das gleichzeitig auch Kopf und Gesicht bedeckt, nur ein Schlitz für die Augen bleibt frei. Der Tschador ist ein bodenlanger Umhang, der auch den Kopf bedeckt, aber das Gesicht freilässt. Der Hidschab ist ein Tuch, das die Haare, die Ohren und auch den Hals bedeckt. Die extremste Form, die Burka, ist ein sackartiger Überwurf, der den Körper von Kopf bis Fuß konturlos bedeckt und auch die Augen nicht frei lässt.

in your journey", mailt uns Rebecca, die uns ein Stück im Wohnwagen mitgenommen hatte. Zwei Tage spendieren sie und ihr Ehemann einen Campingplatz mit Swimmingpool: „Kids, sleep well. Tomorrow we gonna watch the sunrise." Mit ihren Söhnen hätten sie im Urlaub auch immer den Sonnenaufgang angesehen. Wir spielen das Spiel mit, sind gerne wieder Kinder: bemuttert, beschützt, zu Hause für den Moment. Zum Frühstück dürfen wir uns bergeweise Pancakes auf die Teller laden. Später ertappe ich Rebecca, wie sie 60 Dollar Taschengeld in meiner Radtasche versteckt. Beim Abschied tragen wir beide Sonnenbrillen – als Tränensichtschutz. Sie drückt mich und umfasst meine Hände: „Geht nach Hause und erzählt euren Familien und all euren Freunden, dass wir nicht so sind wie unser Präsident."

DIE SCHNEEKÖNIGIN

„Die bekloppteste Piste der Welt“, das wäre mal ein Weltkulturerbe der UNESCO. Den Preis gewinnt die „Straße“ entlang der Salinas Grandes.

Direkt aus der Fabrik sollen unsere Räder in die Welt hinaus – die erste Tour führt von Sachsen nach Thüringen. In einem Blumenladen bei Halle an der Saale entpuppt sich die Verkäuferin als Märchen-Protagonistin. Die „Schneekönigin“ kappt gerade Rosenstiele. Ich bitte sie um zwei Liter Leitungswasser. „Kaufen Sie's doch im Supermarkt“, reagiert sie eisig und gießt jetzt die Blumen – mit Leitungswasser, klar. „Ich will aber keinen weiteren Plastikmüll produzieren“, wage ich zu erklären. „Na, das geht aber nicht. Wenn mich jeder danach fragen würde, wäre ich ja arm!“ Ich hoffe noch, die Furie scherzt, will ihr drei Cent über den Ladentisch schieben. Doch ihr Körper spannt sich vor Entrüstung und macht mir klar: Sie meint es ernst. Wortlos verlasse ich das Geschäft und ärgere mich über meine Feigheit. Noch heute. Was ich ihr nicht alles an den Kopf werfen möchte.

Auch in den Schweizer Alpen stänkert ein Giftzwerg. Ende August brennt die Sonne auf die Serpentinen, die Zunge klebt am Gaumen. Mit knallrotem Kopf bitte ich einen Restaurantchef um Leitungswasser. „Nee, so einfach ist das nicht. Da musst du auch was kaufen.“ Ich glaub, ich hör nicht recht? „Kannst ja da unten aus der Scheune was holen, da ist ein Hahn.“ Wieder bin ich feige, verlasse die Theke und trotte zur Scheune. Was der Giftzwerg nicht verriet: Das Wasser stammt aus einem Bach, der eine Weide entwässert. Den nächsten Pass müssen wir mit Durchfall hinauf.

Nicht minder kräftezehrend, wenn auch ohne Magendrücken: die Steppe Usbekistans. 42 Grad lähmen, schon morgens tropft der Schweiß von der Stirn ins Müsli. An einer Lehmhütte wollen wir nach ein paar Litern Wasser betteln, denn der Dorfbrunnen scheint längst versiegt. Wasser wird von Tankwagen geliefert. Kinder flitzen uns entgegen, die Mutter hinterher. Sie füllt die Trinkflaschen zum Überlaufen und drängt uns ins Haus. Schnell ist die Suppe angerichtet, dazu Brot, Obst auf Teller gestapelt. Nein, nur mit Wasser lässt man uns nicht fort: Ohne Mittagessen dürfen wir nicht weiter.

Noch trockener, noch leerer und armseliger ist das Altiplano, die Hochebene Boliviens. Das Land hängt am Tropf der Andengletscher, die unaufhaltsam schmelzen. Selbst große Städte drehen das Wasser ab. Männer und Frauen gehen auf die Barrikaden, blockieren die Straßen mit brennenden Reifen – und entführen gar Politiker im Kampf um das Kostbarste der Welt. In einem Laden für Alternativmedizin verkauft eine Indigene Vitamine, Bio-Kaffee, „glutenfreie“ Marmelade – und Schlagermusik. Wir brauchen *agua potable*, insgesamt sieben Liter Trinkwasser, und beschwingt zeigt sie auf den großen Wasserspender im Raum. „¿Cuánto cuesta?“, was es denn koste, frage ich, um sie beim Preisaufschlag zu mäßigen. „Es gratis“, lächelt die Verkäuferin. „Aber Sie haben das Wasser doch selbst gekauft?“ „Trotzdem, für Wasser verlange ich kein Geld.“

Unweit des Ladens passieren wir die Landesgrenze: Auch der Norden Argentiniens schreit nach H_2O, und wir vor Verzweiflung. „Die bekloppteste Piste der Welt“, das wäre mal ein Weltkulturerbe der UNESCO. Den Preis ge-

SHARISABZ, USBEKISTAN

Nur mit Wasser lässt man die Gäste nicht ziehen

SALINAS GRANDES, ARGENTINIEN

Cola, Chips, Bier – Halleluja!

winnt die „Straße“ entlang der Salinas Grandes. Knöcheltiefer Schotter, Sand, fußballgroße Felsen und ein Wellblech, dass die Bandscheiben aus den Fächern springen. Auf gerader Ebene rattern wir mit fünf Kilometern pro Stunde, knapp hundert liegen vor uns. Mit Karacho schlage und trete ich gegen die Radtaschen. Die Wut entlädt sich anstandslos und ohne Scham. Daniel verflucht – zähneknirschend – die sandbeladenen Gegenwinde. Wir geben auf und wollen die Andenrunde abbrechen. Mutlos, kraftlos hocken wir im Dreck und warten auf nichts. Irgendwann braust ein Bus um die Kurve, hält an, spuckt gut gelaunte Touristen aus. Alles Engel, denn jeder von ihnen hält eine andere Gabe in der Hand. Der erste eine Gallone Wasser, die zweite Cola, die dritte Chips und der vierte eisgekühltes Bier – Halleluja! Dazu feuern sie uns an, mit Lob und Bewunderung, wir dürften nicht verzagen. Noch mehr Cola, noch mehr Chips. Als sie weiterfahren, sind Wille und Mut wieder zurück. Die geplante Runde ziehen wir durch.

UNTER WARMDUSCHERN

Wie viel kann ein Mensch ertragen? Aus Tom, dem das Leben die große Liebe und die eigene Gesundheit raubte, ist kein verbissener, jähzorniger Typ geworden. Er macht weiter – und schenkt uns Zuflucht.

Blaubeeren, Knusperflocken, Pfannkuchen, Orangensaft, Feigenmarmelade, Schoko-Donuts. Für Daniel brutzeln die Eier in der Pfanne, duftet der Schinken im Ofen. Dorothys Gastfreundschaft ist groß und vor allem großmütterlich: warm und üppig. Ich bin zutiefst gerührt, als ich am Morgen in ihre Küche strauchele, noch etwas angeschossen vom Weißwein des vergangenen Abends. Sie durchsucht die Schränke: „Ich versuche, mich in euch hineinzuversetzen. Was könntet ihr noch gebrauchen für unterwegs?" Dorothy und John sind über 70, fit wie Turnschuhe und Mitglieder der *Warmshowers*-Gemeinschaft. Die Online-Plattform ähnelt dem *Couchsurfing*-Format, nur beherbergen die Einheimischen ausschließlich Reiseradler – die vor allem nach einer *warm shower*, einer heißen Dusche, gieren. Dorothy hatte einen Zeitungsartikel über die Gemeinschaft gelesen und sich sofort angemeldet, denn ihre Kinder und Enkel leben viele Flugstunden entfernt. „Ich backe euch noch schnell Brownies. Und bitte kommt im Sommer wieder, ihr könnt das ganze Haus für euch haben, wenn wir unsere Kinder besuchen!" Während John zu seinem Stand im Einkaufszentrum eilt, um Mittel- und Ratlosen kostenfrei bei ihrer Steuererklärung zu helfen, machen Dorothy und ich es uns auf dem Sofa gemütlich. Auch sie engagiert sich, versorgt Obdachlose. Sie erzählt von Jeff, der immer wieder das Bewusstsein verlor, „without any warning", und den sie eines Tages auf einer Bank sitzend fand. Kopf und Schulter verbunden, die Bandagen blutdurchtränkt. Jeff wusste gar nichts mehr. Weder woher er kam, noch wo er hingehörte – und auch nicht, was passiert war. Dorothy fand heraus: Ein Krankenhaus hatte ihn nur notdürftig behandelt und zurück auf die Straße gesetzt, denn Jeff war kein zahlender Kunde. Dorothy fängt an zu weinen. „An diesem Sonntagmorgen saß er blutverschmiert vor einer Bäckerei mitten im Stadtzentrum. Alle Welt lief an ihm vorbei. Was sind das für Menschen?"

Über 130.000 Mitglieder in 161 Ländern bereichern die *Warmshowers*-Gemeinschaft inzwischen. Einer davon ist Tom und lebt in einer Wüstenstadt Nevadas, in der sich 36.000 Einwohner die Fläche Berlins teilen. Wir stellen unser Zelt auf seinem Rasen auf, die Wasserknappheit macht Halt an der Stadtgrenze. Tom ist um die 60 und

DOROTHY UND JOHN AUS PRESCOTT, ARIZONA

Buffet als Vorspeise – der Hauptgang kommt erst noch

wirkt wie jemand, der mal ein schönes Leben hatte, bevor es weiterzog und ihn zurückließ. Er schließt die Haustür auf und es scheint, als seien nicht nur Daniel und ich die Gäste, sondern auch Tom nur zu Besuch. Mit Turnschuhen und Arbeitsstiefeln laufen wir über den Wohnzimmerteppich in die Küche. Es ist nicht schmutzig bei Tom, vieles wirkt eher unbenutzt, die Weingläser in der Vitrine, die Kerzen, der Ofen. Nur Dinge, die er täglich nutzt, liegen verstreut und griffbereit: Rechnungen, Toast, Fernbedienung. Der Kühlschrank, groß wie ein Wandschrank, ist dreiviertel leer, darin nur wenige Nahrungsmittel, die zusammen keine Mahlzeit ergeben: eine Gallone Milch, Hamburger-Patties, Pudding und Eiscreme. Wer Tom lächeln sieht, bemitleidet ihn. Zwei Zahnstummel lugen dann hervor. Wenn er spricht, klingt es, als baumele das Gebiss eines alten Mannes schief im Mund. Tom hustet oft und spuckt dabei dunkle Bröckchen aus. Er arbeitet 14 Stunden täglich, macht Spießergärten noch spießiger. Was er erzählt, klingt smart, stark und lustig – über das Radreisen, die Waffenläden der Stadt, über den Zuhälter, der jetzt Bürgermeister werden will. Doch es fällt mir schwer zu glauben, dass Tom, krank und vorgealtert, noch vor wenigen Jahren die Vereinigten Staaten auf dem Rad durchquerte. Das einzige Bild in seiner Wohnung zeigt seine Frau Lauren, die nach 45 Lebensjahren an Krebs verstarb. Für die Behandlung verkaufte Tom seine Waffensammlung mit antiken Stücken. „Ich habe Krebs, nicht der Krebs hat mich!“, behielt Lauren ihre Stärke bis zum Schluss. Doch Toms Leidensweg ging weiter. Vor einigen Jahren arbeitete er noch bei der Freiwilligen Feuerwehr. Damals hoben sie eine Drogenfabrik aus, in der vermutlich Crystal Meth gepanscht wurde. 20 Kollegen waren sie, nur zwei davon sind noch am Leben. Er und der andere versuchten, zu erfahren, mit welchen Substanzen sie in Kontakt kamen, die ihnen die Zähne ausfallen ließen und Lungen verätzten – vergeblich. Wie viel kann ein Mensch ertragen? Aus Tom, dem das Leben die große Liebe und die eigene Gesundheit raubte, ist kein verbissener, jähzorniger Typ geworden. Er macht weiter, und schenkt uns Zuflucht.

Ein anderer, der sein Schicksal überlebte, lädt uns in seine Wohnung im Zentrum San Franciscos ein. James ist Radmechaniker, könnte 50 aber auch 65 sein, und weil der Tretlagerwechsel im Laden das Reisebudget eines Monats aufbrauchen würde, funktioniert er seine Wohnung zur Werkstatt für uns um. Die Raucherpausen finden im Wohnzimmer statt. Wir fragen ihn, wie er sich diese Wohnlage leisten kann und sind auf seine Antwort nicht gefasst: James hat AIDS und die Stadt sorgt für ihn. Er ist einer der Schwulen, die sich während der Epidemie mit dem HI-Virus infizierten. 1981 starben in San Francisco neun Menschen im ganzen Jahr an AIDS, 1992 waren es 30 pro Woche. Hundert Fragen drehen sich in meinem Kopf und ich weiß dennoch keine zu stellen. Wie viele seiner Freunde und Liebhaber er leiden und sterben sah? Wie er selbst vegetierte und doch überlebte? Ob er Angst vor dem Tod hat? Wir wechseln das Tretlager aus.

Wir übernachten an diesem Abend bei Ruth und Edward, einem *Warmshowers*-Paar, das inspiriert. Reiseführ-

RUTH UND EDWARD | SAN FRANCISCO, KALIFORNIEN

KAREN | LOS ANGELES, KALIFORNIEN

VERA | KUNMING, CHINA

PEGGY, WARREN UND GRANDMA LOIS
HAMILTON, MONTANA

IGORS GARTENPARADIES
DUSCHANBE, TADSCHIKISTAN

BARTON | SANTA CRUZ, KALIFORNIEN

rer, Geschichtsbücher, Sprachführer, Politikanalysen, die spannendsten Romane – ihr Haus ist eine Bibliothek, die jeden beschenkt, der nichts weniger als die Welt verstehen möchte. Ruth kündigte im Silicon Valley, um als Lehrerin zu arbeiten. Edward schreibt Reiseführer und musste in den 80ern einsitzen – er rebellierte und verweigerte die Registrierung für einen Militäreinsatz. Beide können nicht hinnehmen, nicht wegsehen. Sie protestieren gegen Polizeigewalt, für Obamacare, gegen Aufrüstung. Kinder haben sie keine: „Wir wurden von unseren Eltern misshandelt. Wie sollen wir wissen, wie Familie funktioniert?"

Kinder wollte auch Supaporn nicht, das größte Energiebündel Thailands. Sie sei ja schon Schulleiterin, das reiche. Wer bei Supaporn unterkommen will, muss ihre Schüler unterhalten. Denn die sollen „authentisches" Englisch lernen. Ich turne mit Dreijährigen, Daniel zeigt den Älteren, wie man Schürfwunden verbindet. Eine angenehme Abwechslung zum Pedalieren.

In Los Angeles, der Stadt der Engel, lebt eine besonders herzensgute Gastgeberin. Karen hat ihren Kühlschrank für uns gefüllt, Kartons für den Flugtransport der Räder organisiert und ein Paket mit Ersatzteilen aufbewahrt. Sie besteht darauf, jeden Abend zu kochen und tanzt und springt zwischen Herd und Esstisch. Für sie selbst das größte Glück: Noch vor zwei Jahren konnte sie kaum gehen, die Hüftgelenke waren durch Arthrose verschlissen. Karen, nach einer lang ersparten OP wieder fit, chauffiert uns später sogar zum Flughafen.

Im kanadischen Calgary überlassen uns Heather und Egbert ihr Haus, während sie durch die Rockies wandern.

Vera in Kunming lässt uns tagelang in ihrer Wohnung der Fortschrittshektik Chinas entfliehen; Peggy und Warren aus Montana vermachen uns das Obama-Shirt von Grandma Lois, die kurz nach unserem Besuch verstarb; Igor im tadschikischen Duschanbe besteht allabendlich auf einem *small shot*, einem gemeinsamen Glas Whiskey; Paul und Natt haben in ihrem Gartenparadies am Golf von Thailand schon mehrere hundert Radreisende entspannen lassen.

Kürzlich las ich eine Unterhaltung auf der Facebookseite der Gemeinschaft. Ein Radfahrer schrieb, im Gästebett habe es Bettwanzen gegeben, eine Woche nach dem Aufenthalt krabbelte es noch immer in seiner Ausrüstung. Doch es folgte keine Beschwerde, keine Hasstirade, kein *Shitstorm* – sondern die Frage: „Soll ich dem Gastgeber wirklich eine negative Bewertung auf seinem Profil geben? Er war doch so nett und hilfsbereit!“

SALZIGSÜSS

„Bleibt bei uns in Hunza“, raten sie zum Abschied und wir fragen uns, warum?

Wir alle erinnern uns, wo wir waren, als wir davon erfuhren. Bei welcher Arbeit wir innehielten, welches Gespräch verstummte. „Seit 9/11 kommen deutlich weniger Touristen zu uns nach Pakistan", seufzt unser Gastgeber Imran und schenkt dampfenden Chai ein – starker Schwarztee mit Milch und viel Zucker. Er reicht einen Kristall aus Salz und ermuntert uns, ihn darin einzutunken. Das salzigsüße Getränk kommt uns vor wie das Land selbst: wie ein einziger Widerspruch.

Eigentlich hatten wir nicht vor, ein Rad über die Grenze Pakistans zu setzen. Hier fassten die Amerikaner Osama bin Laden, wie ein Kriegsreport lesen sich die Reisewarnungen des Auswärtigen Amtes. Sie berichten von Bombenexplosionen und Terroranschlägen, von entführten Radreisenden, erschossenen Bergsteigern und Ehrenmorden. In der Islamischen Republik richten Militär und Scharia-Gerichte und verhängen Todesurteile gegen Minderjährige. Doch durch diesen Moloch aus Gewalt und Extremismus führt eine der höchsten, faszinierendsten Fernstraßen der Welt: der Karakorum Highway. Beginnend im chinesischen Kaschgar, quert der Highway das schroffe Karakorum-Gebirge, streift den Fuß des Nanga Parbat und endet in der Hauptstadt Islamabad. Zuvor ein einspuriges Schotter-Abenteuer, baute China die Fernstraße zu einer modernen Schnellstraße aus und führt sie weiter gen Süden, um sich einen lukrativen Zugang zum Indischen Ozean zu verschaffen. Noch ist das 400-Millionen-Dollar-Projekt nicht fertig – ein Glück für uns, nur

HINTERGRUND ISLAM

aus: „KulturSchock Islam“ von Susanne Thiel

Die Scharia („was vorgeschrieben ist“) ist das islamische Religionsgesetz und basiert auf den in Koran und Sunna festgelegten Vorschriften. Ihr Schwerpunkt liegt auf den Bereichen des Alltags- und Familienlebens, der Religionsausübung und den Traditionen.
Das Strafmaß der Scharia richtet sich zum größten Teil nach den in Koran und Sunna beschriebenen Bestrafungen – es ist gottgegeben und verbindlich. Bei Ehebruch z. B. droht Verheirateten die Steinigung. Einem Dieb ist die rechte Hand abzuschlagen und auf den, der vom Glauben abfällt, wartet ebenfalls die Todesstrafe durch Steinigung.

–

Die Spaltung des Islam in die sunnitische und die schiitische Glaubensrichtung geht fast bis zu den Ursprüngen der Religion zurück und ergab sich aus dem Streit um die Führerschaft der religiösen Gemeinschaft nach dem Tod des Propheten Muhammad.
Der sunnitische Islam, und besonders seine wahabitischen und salafistischen Strömungen, betrachten Schiiten als Abweichler vom rechten Glauben.
Eine Minderheit unter den Schiiten sind die Ismailiten, deren eine Untergruppe (Nizari-Ismailiten) als Anhänger des Aga Khan bekannt geworden sind.

wenige Trucks stottern an uns vorbei. Flüsterasphalt, geringe Steigungen, kaum Verkehr: ein Radlertraum!

Als wir das erste Städtchen erreichen, erwarten uns ausnahmslos Männer in traditioneller Kleidung, weiten Pluderhosen, mit brustlangen Bärten und dunkel geschminkten Augen. Vor unserem Hotelzimmer patrouilliert ein Polizist mit Kalaschnikow. Ein finsterer Pakistani kommt auf mich zu und schenkt mir plötzlich ein Lachen.

EINLADUNG ZU TEE UND CHAPATI, DEM TRADITIONELLEN FLADENBROT

Hunza, Pakistan

„Es ist so toll, dass ihr hier seid. Lasst uns Tee trinken!" Er umarmt mich aus Freude über unseren Besuch und fragt auch Claudia: „Darf ich dich mal drücken?"

Am nächsten Tag kommt uns Imran auf seinem Sportrad entgegen und drängt uns in sein Bergdorf, wir sollten hier unbedingt pausieren. Weiter unten würden die Schiiten eine Prozession abhalten, die Straßen seien gesperrt. Einen Tag verbringen wir bei ihm und seiner Familie und ich werde völlig überraschend in mein Leipziger Studentenleben zurückgebeamt. Wir treffen uns mit Freunden, allesamt Philosophie-Studenten, auf dem Tisch stapeln sich Kant, Rousseau, Foucault. In fließendem Englisch lästern sie über das Militär und reagieren wie jeder (männliche) Nicht-Ossi, dem wir vom Nacktbaden am Cospudener See erzählen: „Da müssen wir hin!" Das Dorf ist blitzblank geputzt, die Frauen tragen ihr Kopftuch lässig oder gar nicht. Wir sind bei den Ismailiten im nördlichen Hunza-Tal. Eine muslimische Gruppe, deren Führer Aga Khan vor allem in Schulen und Universitäten investiert und mit Stiftungsgeldern und Beratung Hilfe zur Selbsthilfe bietet. „Bleibt bei uns in Hunza", raten sie zum Abschied und wir fragen uns, warum?

Nur einige Dörfchen weiter verändert sich die Atmosphäre, wir erreichen konservativ-schiitische und sunnitische Gebiete. Die Menschen sind weiter freundlich, ohne Frage, wir erhalten Hilfe, wann immer notwendig. Doch deutlich weniger winken uns zu, sie starren statt zu grüßen und uns anzusprechen. Es fällt uns schwer, höflich zu bleiben bei all den staubigen Männern, die Milchtee trinken,

Haschisch rauchen und lethargisch die Straßen säumen, umgeben von Müll. Ganze Dörfer erinnern an verwahrloste Männer-WGs. „Wo sind all eure Frauen? Ich fühle mich einsam", frage ich in einem Straßenrestaurant, auf dessen Dach Hörner und Schädeldecken von Ziegen verwesen. Einer spricht von separaten Straßen für Frauen, als sei es das Normalste der Welt. Sein Kollege lacht: „Wir machen Business, die Frauen sind zu Hause." Geschäftstüchtigkeit ist ein dehnbarer Begriff. Nur einer gesteht: „Nicht wir, sondern sie erledigen die Drecksarbeit." Die wenigen Muslima, die wir von Nahem sehen, haben Hände wie Steinbrucharbeiter. Von Kopf bis Fuß verschleiert, ackern sie auf den Feldern und ersetzen mit ihren Rücken Esel

ZAHNÄRZTINNEN AUS ISLAMABAD, PAKISTAN

„Heiraten? Bloß nicht!"

und Pferde, um die Erträge fortzuschaffen. Nur die Hälfte von ihnen kann lesen und schreiben, bei den Männern sind es mehr als zwei Drittel. Es gibt noch Stammesgebiete, in denen Mädchen ihre Vergewaltiger heiraten müssen, um den Frieden zwischen den Clans zu wahren. Anderswo kontrolliert die Schwiegermutter nach der Hochzeitsnacht das Bettlaken, will sichergehen, dass die Braut unbefleckt war. Ein Hauptstädter zeigt sich unglücklich mit seiner jungen Frau, krank sei sie geworden nach der Geburt des vierten Kindes. Nun werde er sich eine zweite Gattin suchen, die den Haushalt führt. Erstmals verhüllen junge Mädchen ihr Gesicht, sobald sie uns entdecken. Frauen schnappen ihre Kinder und rennen fort.

ASTORETAL, PAKISTAN

Die Holzernte wird eingefahren

„Schüchtern“ seien die Damen, grinsen die Männer. Von einer Lehrerin erfahren wir: „Mein Mann erlaubt es nicht, dass ihr mich fotografiert. Eigentlich dürft ihr mich gar nicht sehen. Es geht um meine Ehre.“ Mich dagegen knipsen die Ehemänner oft ungefragt mit dem Handy. Und dann der Gegensatz, der Widerspruch. Ein Geländewagen hält an einer Garküche, Zahnärztinnen aus Islamabad begeben sich zu Tisch – wunderschön geschminkt, ohne und mit Kopftuch, streng oder lässig umgebunden. Außer dem Chauffeur ist kein Mann an ihrer Seite, auch kein Ehemann, der sie bewacht. Energisch winkt eine der Frauen ab: „Heiraten? Kommt gar nicht in Frage!“

In Skardu begegnen wir einem Kämpfer, einem, der es besser machen will. Professor Karim attackiert sein Land: die Bildung sei unterirdisch, Schulen würden nur auf dem Papier gebaut. Die Armen besuchten, wenn überhaupt, nur Madrassas, Religionsschulen, die neben dem Unterricht auch kostenfreies Mittagessen ausgäben. Häufig stelle die Regierung nur Plätze für Jungen und „manche Lehrer müssen zwei bis drei Stunden laufen, ehe sie ihre Schule erreichen. Im Winter fällt der Unterricht oft aus.“ Karim leitet die Lehrer der Zukunft an. Er bittet uns darum, seinen Studenten von unseren Schulen in Deutschland zu erzählen, mehr Frauen als Männer sitzen im Hörsaal.

Im Anschluss folgt die Stadtführung eines Verzweifelten: Professor Karim flucht über die notdürftig geflickten Schlaglochpisten, wettert über die schmalen, sandigen Spuren, die ihn bei Gegenverkehr in den Graben zwingen. „Look at this dust! They even cannot build a road!“, bellt er und verflucht die dichten Wolken aus Staub, die durch die Gassen und Märkte ziehen. Karim trägt Anzug und Professorenbrille, studierte an der Oxford University und forschte in den USA. Er selbst wuchs unter Ismailiten auf, der Vater schuftete für die Ausbildung des Sohnes. In Skardu, wo Männer im Dreck hocken und Frauen unsichtbar sind, wirkt er deplatziert mit seinem Verstand. Bleiben will Karim trotzdem: „Ich will den Studenten helfen, die wie ich aus armen Familien stammen." Dennoch lässt er uns mit mehr Fragen als Antworten zurück. Nach einem Tee in seinem Haus greift er zum Handy und ruft seine Frau an, die augenblicklich aus dem Nebenzimmer eilt – und abräumt.

DIE HOACH FAMILY

Harry Potter hat keines der Kinder gelesen, weil die Bibel Zauberei und Magie als satanisch verdammt, Hexen und Geister gelten als Diener des Teufels.

Oregon beschert uns den größten Werbegag der Reise, und den gefährlichsten. Der Highway 101 entlang der Küste, eine der „Traumstraßen dieser Erde", entpuppt sich als *highway to hell*. Überladene Holztransporter, unsichere Wohnwagenfahrer und genervte Berufspendler drängen uns an den Abgrund. Die Straße ist den Veteranen gewidmet und auch wir fühlen uns wie im Krieg. Ein besonders gehetzter Fahrer bespritzt Daniel mit Wasser, damit er von der Fahrbahn springt. Noch nicht bereit zu sterben, fliehen wir ins Inland. Ich giere nach Feierabend, doch inmitten eingezäunter Enge bleibt nur die Suche nach einem Vorgarten für unser Zelt. Wir klopfen an – und Miriam öffnet die Tür. Hinter sich eine große Kinderschar, ihre Töchter tragen gehäkelte Kopfbedeckungen und Jeansröcke. Ich habe nur noch Fluchtgedanken, ahne schon den Abend dahinkriechen in Sermonen und missionarischen Umpolungsversuchen. Doch Daniel nimmt die Einladung zum Frühstück an, die Suche nach dem besten Flecken Rasen beginnt. Aus der Nummer komme ich nicht mehr raus.

Am nächsten Morgen tischt Miriam Pfannkuchen und Früchte auf, Eier und Speck. Ihr Mutterherz beschlagnahmt uns sofort. Sie selbst war Nummer sechs von zehn Geschwistern. Während sie zu Hause wirbelt, transportiert Ehemann Rick Benzin – von 1 Uhr nachts bis 22 Uhr. Als sie sich kennenlernen, verkündet ihr Rick: „Wir werden heiraten." Nur gehörte er einer anderen christlichen Gemeinschaft an, die Hochzeit mit ihm ist eine Sünde für Miriams Eltern. Sie konvertierte trotzdem – noch heute

SHERIDAN, OREGON

Wir installieren gemeinsam WhatsApp auf Miriams Smartphone

verweigern Mutter und Vater gemeinsame Mahlzeiten. Miriam und Rick nahmen Kredite auf, kauften ein Haus und ziehen inzwischen fünf Kinder groß.

Die Familie ist Mitglied einer kirchlichen Krankenversicherung, einmal im Monat überweisen sie Geld, allerdings direkt an die Betroffenen in ihrem Verbund. So wissen sie, wen ihr Beitrag heilt, wem sie das Leben erträglicher machen. Die Kinder werden alle zu Hause unterrichtet. „Meine Mum hätte uns auch auf eine normale Schule geschickt, aber auf der im Ort sind die Mädchen mit 15 schwanger", lacht Victoria. Miriam kennt Gleichgesinnte – die Eltern teilen sich das Unterrichten ein, übernehmen je ein Fach und eine Altersstufe. Das Gesetz Oregons verlangt, dass zu Hause geschulte Kinder alle paar Jahre staatliche Tests in den Hauptfächern bestehen, dennoch bleibt viel Freiraum. Im Bio-Unterricht der Familie wird Darwin angezweifelt, denn „God created everything." Harry Potter hat keines der Kinder gelesen, weil die Bibel Zauberei und Magie als satanisch verdammt, Hexen und Geister gelten als Diener des Teufels. Nur die Eltern besitzen ein Smartphone, Nachrichten schaut die Familie kaum. Victoria und ihre Geschwister sind die charmantesten, ausgeglichensten, fröhlichsten und neugierigsten Kinder, die wir seit Langem treffen. Sie backen Kuchen für Nachbarn, singen im Altenheim und helfen uns Fremden.

Wir erzählen von unserem Plan, es per Anhalter zum Crater Lake zu versuchen, denn das Visum limitiert unsere Zeit und erlaubt keine Abstecher auf dem Rad. Plötzlich bricht ein Tornado aus. Alle wirbeln um uns herum, schmieren Sandwiches, schneiden Melonen und beladen den Wagen. Zwanzig Minuten später sitzen wir in der Familienkutsche. Ein spontaner Roadtrip, 350 km, nur für uns.

SPONTANER ROADTRIP ZUM CRATER LAKE, OREGON

„LA INCANSABLE“

Onkel Leo stürmt ins Haus, wedelt und tanzt mit Geldscheinen in der Hand. Heute feiern wir seinen Lottogewinn.

Ich fühle mich seekrank und bin gar nicht auf dem Wasser. Nachbeben lassen mich schwanken. Doch keine seismische Kraft treibt mich aus dem Bett, sondern die Übelkeit nach dem stärksten Cocktail, den Familienfeiern in Chile zu bieten haben: *terremoto* – Erdbeben. Ein Gesöff aus Weißwein, Grenadine-Sirup und Ananaseis. Ein paar Tage tanken wir Heimat bei Paulina im chilenischen Los Ángeles. Heimat, weil Daniels Eltern Paulina vor zehn Jahren als Austauschschülerin aufnahmen, was uns letztlich eine zweite Familie auf einem anderen Kontinent schenkte. Nichts hat sich verändert seit unserem letzten Besuch: Fiestas bis zum Morgengrauen, Frühstück vielleicht um zwölf, vielleicht auch nicht, ungewiss sind auch die anderen Mahlzeiten. Gesetzt aber: die *terremoto*-Party mit Dutzenden Verwandten. Onkel Leo stürmt ins Haus, wedelt und tanzt mit Geldscheinen in der Hand. Heute feiern wir seinen Lottogewinn. Nach vier Tagen ist unser Biorhythmus völlig durcheinander, Schlaf- und Wachphasen sind auf den Kopf gestellt. Selbstverständlich werden wir noch schnell zu Weihnachten und einer Hochzeit eingeladen, „¡Mi casa es tu casa!“.

Die Familie ist weder arm noch reich. Doch wurden unter Diktator Pinochet, angeleitet durch die USA, Wasser und Strom, Wälder und Erze privatisiert, ebenso das Bildungs- und Gesundheitswesen. Deswegen musste Paulina für ihr Studium einen Kredit aufnehmen, ihre Schwester Geld zurücklegen für eine Kieferoperation. „Wir sind eine Kolonie der Vereinigten Staaten“, spotten sie. Vater Roberto wuchs im Militärregime auf. „Wir hatten damals

HINTERGRUND CHILE

aus: „KulturSchock Chile“ von Cindy Schönfeld

Zunächst als kurzfristige militärische Übernahme gedacht, regierte General Augusto Pinochet Ugarte fast 17 Jahre lang diktatorisch und erschuf eine der längsten und gewaltsamsten Militärdiktaturen Lateinamerikas. Politische Organisationen, Arbeiterbewegungen und Gewerkschaften wurden verboten, Bürgermeister und Rektoren durch Militärs ersetzt und die Medien einer scharfen Zensur unterworfen. Mit dem Vorsatz, Chile „vor dem Kommunismus zu retten“, begann eine unerbittliche Verfolgung von Regimegegnern. Abertausende Chilenen kostete der Putsch das Leben, es kam zu Massenverhaftungen und Folterungen von Oppositionellen in eilends errichteten Konzentrationslagern.

nichts zu befürchten, aber ich habe gesehen, wie die Soldaten Männer erschossen.“ Auch gäbe es einen Onkel, der im Gefängnis büßte. Was er verbrochen habe? „No sabemos“, „Das wissen wir nicht.“

Während der 17-jährigen Diktatur wurden mehr als 2000 Chilenen hingerichtet, 28.000 Oppositionelle weggesperrt und gefoltert, ihnen die Fingernägel ausgerissen, Tierkot in den Mund gestopft, Rebellen mit Elektroschocks gequält. 1000 Frauen und Männer verschwanden spurlos.

„Zurecht“, sagt Umberto, ein Grundbesitzer, der uns seine Gartenlaube für eine Nacht überlässt. „Eines Tages haben Pinochets Männer meinen Neffen geholt, er ist bis heute verschollen. Aber das war auch gut so! Er und seine linken Kameraden haben Bomben gebastelt, sie hätten uns mit ihrem Sozialismus ins Unglück gestürzt!“ Nein, nach seinem Neffen suche er sicher nicht.

In Santiago, der Hauptstadt, treffen wir Constanza. *La Incansable* wird sie in einem Artikel genannt. Constanza, die Unermüdliche. Die 45-Jährige sucht Eltern, Töchter und Söhne. Während des Militärregimes wurden die Kinder der Oppositionellen verkauft. Ein Markt entstand: Ärzte, Hebammen, Sozialarbeiter, Richter und Politiker verdienten am Menschenhandel. Sie verkauften später auch die Neugeborenen der Armen. „Die Eltern wurden belogen, ihnen gesagt, ihre Kinder seien kurz nach der Geburt gestorben.“ Denn „Babys are precious.“ Babys, eine wertvolle Ware. Nachdem Constanza erfuhr, dass sie selbst betroffen war, gründete sie die Organisation *Nos Buscamos* („Wir suchen uns“). Zu viert fahnden sie nach Geburtsurkunden und Akten mit den Namen der tatsächlichen Mütter und Väter und arbeiten mit einem DNA-Labor zusammen, um Gewissheit über die wahren Angehörigen zu erlangen. Überall hin wurden die Kinder geliefert, in die USA, nach Schweden, Deutschland. Bisher haben sich mehr als 3500 Suchende bei *Nos Buscamos* registriert. Constanza fand ihre leiblichen Eltern. Die Mutter hatte sie zur Adoption freigegeben, Constanza wurde später verkauft. Das erste Treffen nach 40 Jahren war zugleich das letzte: „Du hast mein Leben zweimal zerstört“, sagte die Fremde. „Einmal, als ich dich zur Adoption freigab. Zum zweiten Mal, als du mich kontaktiertest.“

Anders als die Mutter sehnte sich der Vater nach seiner Tochter. Er hatte sich selbst eingetragen in die Datenbank von *Nos Buscamos*. „Seine zweite Frau und Kinder wussten, dass es mich irgendwo gibt, mein Platz blieb immer unbesetzt.“ 32 Familien führte sie bereits zusammen, zuletzt verhalf sie einem Kalifornier zu seinen chilenischen Wurzeln. Ich versuche mich in die Lage seiner Mutter zu versetzen, der Constanza telefonisch beibrachte: „Ihr Junge lebt und sucht nach Ihnen.“ Ein Stoff fast zu übertrieben für einen Roman. „Immer, wirklich immer, wenn ich auf Partys über *Nos Buscamos* spreche, ziehen mich Gäste zur Seite, die auf der Suche nach ihren Eltern oder Kindern sind oder einen Suchenden kennen.“

HORNOPIRÉN, CHILE

Luiza läct uns spontan ein und würgt ihren Sohn am Telefon ab: „Ich kann jetzt nicht, ich habe wichtige Gäste – es sind Deutsche!“

HANGRY

Mit rotem Kopf schauen wir uns an, dann um und erschrecken – den Sarg mit dem Foto direkt hinter dem Buffet hatten wir völlig übersehen.

Pünktlich um 12 Uhr knurrt der Magen. Garküchen gibt es in Thailand an jeder Straßenecke, aber diese ist besonders einladend. Weiße Tischdecken, Blumenbouquets, dralle Köchinnen schmecken das Curry ab und winken uns zu. Keine Frage, hier wollen wir hin! *Hangry*, gereizt vor lauter Hunger, ordern wir allerlei Gegartes. Dazu Bananen, Cola, zwischendurch die Frage nach dem Preis. „No money, free", lächelt der Kellner. Umsonst? Nein, bei der Menge wollen wir zahlen. Als Radreisende sind wir im permanenten Kalorienrausch, verschlingen dreifache Portionsgrößen. Doch seine Antwort lässt uns schlucken: „Das ist kein Restaurant, sondern die Beerdigung meiner Oma. Und ihr seid herzlich eingeladen!" Mit rotem Kopf schauen wir uns an, dann um und erschrecken – den Sarg mit Foto direkt hinter dem Buffet hatten wir völlig übersehen. Eine Einladung zum Leichenschmaus, beschämt nehmen wir an. Mehrere Tage dauert eine buddhistische Beerdigung, das Umland kommt vorbei und die Angehörigen kredenzen Essen und verschenken sogar Geld. So soll es der Verstorbene, beseelt von einem möglichst guten Karma, im nächsten Leben besser haben. Mit vollen Mägen verabschieden wir uns. „Danke, dass ihr den Weg zu uns gefunden habt", umarmt mich die Tochter der Verstorbenen. Und wir sind gewiss: Ihre Mutter wird als Königin wiedergeboren!

Anders als sie müssen wir um unser Karma bangen, denn bald darauf schlittern wir in die nächste Blamage. Dieses Mal bei *Warmshowers*-Engeln, die es auch in Thailand gibt. Wir kehren ein bei Nu und Phu, einem

HINTERGRUND THAILAND

aus: „KulturSchock Thailand" von Rainer Krack

Kritik am König, seiner Familie oder der Monarchie im Allgemeinen wird öffentlich niemals geäußert. Selbst hinter geschlossenen Türen wird sich kaum ein Thai zu negativen Bemerkungen hinreißen lassen. Jede kritische Äußerung könnte als Majestätsbeleidigung aufgefasst werden, auf die Gefängnisstrafen bis zu 15 Jahren stehen.

Rentnerehepaar. Ihr Sohn hatte sie in der Radreise-Gemeinschaft angemeldet, schließlich sollen sie „fit bleiben"! Gut gelaunt tafeln sie auf: Curry, Reis, Hausmannskost auf Thai. Wir wollen die Gelegenheit nutzen, über Politik plaudern – und stürzen in den nächsten Thai-Fettnapf. Nur oberflächlich hatten wir uns über das Land informiert und fangen an, das Ehepaar über den König auszufragen, der sich regelmäßig mit seinen Mätressen in Bayern herumtreibt. Das Lächeln gefriert ihnen im Gesicht. Erst erröten die Gastgeber, dann wir. Ab jetzt weicht alle Heiterkeit nur gespielter Höflichkeit, am nächsten Morgen verlassen wir beschämt früh das Haus. Tage später erfahren wir: Wer schlecht über den König spricht, landet im Knast. Jeder kann dabei jeden denunzieren.

DESASTER

Gewitterwolken gleich rollen Rauchschwaden in die Täler und verdunkeln den Himmel, die Temperaturen fallen spürbar. Glutrot flackert die Sonne, die Luft kratzt und schmirgelt wie Schleifpapier in unseren Lungen.

„Sorry for our state on fire“, entschuldigt sich Kelvin aus Kalifornien. Die Waldbrände in seinem Bundesstaat zwingen uns zu Umwegen, werfen Routen und Pläne über den Haufen. Gewitterwolken gleich rollen Rauchschwaden in die Täler und verdunkeln den Himmel, die Temperaturen fallen spürbar. Glutrot flackert die Sonne – und das mitten am Tag –, die Luft kratzt und schmirgelt wie Schleifpapier in unseren Lungen. Nachts rieselt Asche auf unser Zelt. Doch Kelvin holt uns aus dem dichtesten Rauch. Seit 30 Jahren zelebriert er seine Rente, Mieteinnahmen aus seinem Trailerpark verschaffen ihm ein Leben frei vom Muff des Arbeitsalltags. Kelvin, heute 65, fährt viel Kajak, lässt sich treiben durch die stillen Landschaften des Westens, immer einen Jahresvorrat an getrockneten Algen, Nüssen und Aloewasser im Wagen. Als „schwulen Anarchisten“ bezeichnet er sich selbst, wettert über den Veteranenkult und die Kriegstreiberei seines Landes (in einem Supermarkt hängt die Kapitulationserklärung Hitlerdeutschlands über der Kasse). Ein echter Exot, auch weil er in Gebiete verreist, deren Namen die Amis schwer aussprechen können. Spontan packt Kelvin unsere Räder auf seinen Pick-up, organisiert Kajaks und damit ein sportliches Kontrastprogramm auf dem Lake Tahoe für uns. Dafür peppen wir die Junggesellenküche am Lagerfeuer auf – ein guter Deal.

Immer wieder checken wir die Rauchprognosen und fliehen schließlich zum Wandern in den Lassen Nationalpark mit seinen Vulkanen, denn: Mitten in der Sommerdürre platzte ein Autoreifen, die Felge schleifte auf dem Asphalt und schleuderte Funken in die Böschung, die au-

WINTHROP, WASHINGTON STATE

Smokejumper Tommy wartet auf seinen Einsatz

genblicklich Feuer fing. Was so harmlos begann, sollte sich zu einem der verheerendsten Feuer der Geschichte des Bundesstaates entwickeln: das *Carr-Fire*. Fast 40.000 Menschen werden evakuiert, acht sterben, mehr als 1000 Wohnhäuser zerstört das Feuer und verursacht 1,6 Milliarden Dollar Schaden. Der benachbarte Mendocino-Komplex vernichtet derweil ein Gebiet doppelt so groß wie Berlin und geht als größter Waldbrand in die Geschichte Kaliforniens ein – dabei hat die Saison gerade erst angefangen. 14.000 Feuerwehrmänner sind in Kalifornien im Einsatz, angespornt von Plakaten der Einheimischen, die die Straßenränder säumen. Einer der Nationalhelden ist Tommy, ehemaliger Germanistikstudent und nun

Smokejumper. Er springt mit dem Fallschirm in abgelegene Waldbrandherde und schuftet dort bis zu zwei Wochen, hackt in sengender Hitze Feuerschneisen frei, bedeckt die Flammen mit Staub und Steinen. Ein Knochenjob. Nur alle paar Tage bringt ein Helikopter Trinkwasser und Nahrung. Nach der Mission werden Fallschirm, Werkzeuge und Müll verpackt – bis zu 60 Kilo wiegen die Rucksäcke, mit denen die *Smokejumper* sich durch unwegsames Gelände zurück zu einer Straße schlagen müssen. Für den Adrenalinsüchtigen ein Traumjob. Den Verdienst verjubelt er im Winter auf Hawaii. 350 Mal sprang Tommy bereits, einmal landete er im Baum. Angst vor dem Feuertod hat er nicht: „Ich würde lieber im Feuer krepieren als in einem Büro."

Kein Qualm drosselt das Atmen in den Anden – sondern die Höhe. Wochenlang bekommen wir zu wenig Luft. Vor uns liegt der Abra del Acay in Argentinien, der höchste Pass der Reise, fünf Kilometer über dem Meeresspiegel. Die Hälfte an Sauerstoff muss hier oben reichen. Ich bin müde. Die Etappen zuvor waren zäher als gedacht. Mein Körper rebelliert, widersetzt sich mit Husten und Halsschmerz, meutert mit einem Pochen im Kopf und einer Gürtelrose. Gleich einer Spaghetti windet sich die Piste stetig bergan. Um uns herum nur Sand, Wind und *Vicuñas* (eine Lama-Art), die an holzharten Grashalmen knabbern. Mit verstopfter Nase und high von Schmerzmitteln keuche ich hinauf, zähle Pedaltritte, um mich zu fokussieren, mache pedantisch alle 500 Meter Pause und erinnere mich immerfort, dass ich bessere Zeiten erst

KURZ VOR DER PASSHÖHE BETRÄGT DER SAUERSTOFFGEHALT NOCH 48% DES ÜBLICHEN

Abra del Acay, Argentinien

durch schlechtere erkämpfen muss. Psychospiele mit Erfolg. Nach vier Stunden erreichen wir den Pass, 4995 m, ein Sinnbild der Menschheit. Marienfiguren verwittern neben zerbrochenen Bierflaschen, Klopapierfahnen flattern im Wind. Doch das Landschaftskino vor uns nimmt jede Sinneszelle ein: Vulkane leuchten in rot und grün, durchzogen von tiefschwarzen Adern. Gelbes Tussokgras, *Vicuñas* schrecken davon, darüber der blaue Andenhimmel. So gemächlich die Piste ihren Weg nach oben fand, so dramatisch führt sie wieder hinab. Wie eine Dachrinne an die steilen Wände genagelt, schlängelt sie sich in engsten Serpentinen 2000 m in die Tiefe.

Am nächsten Morgen erwacht Daniel in moribunder Qual, Diagnose: Männergrippe. Ein Ruhetag im nächsten – fernen – Örtchen, im staubigen La Poma muss her. Hotelengel Pepe hat ein Herz für Rotznasen und gibt uns das Zimmer zum halben Preis. Er ist als Dorfangestellter nicht nur Koch und Rezeptionist der Gemeindeherberge, sondern planiert auch die Straßen und greift als Sozialarbeiter den Hilfsbedürftigen unter die Arme – „und sei es, dass ich mit ihren Kindern singe und dazu Gitarre spiele." Der Tausendsassa und seine sechs Töchter wären heute nicht hier, hätte Pepes Vater nicht das schlimmste Erdbeben der Umgebung überlebt. An Heiligabend 1930 feierten die Dorfbewohner das gute Erntejahr, einen Wimpernschlag später lebte nur noch eine Handvoll von ihnen. Darunter der Vater, der nun als Waise dem neuen Jahr und seiner zerstörten Zukunft entgegenblickte. Seit 30 Millionen Jahren schiebt sich die Nazca-Platte unter ihren östlichen

LA POMA, ARGENTINIEN

Tausendsassa Pepe

Nachbarn, ein bis heute andauernder geologischer Prozess, der die Südamerikanische Platte an ihrem Rand immer weiter in die Höhe treibt und jene spektakuläre Berglandschaft bildet, die wir als Anden kennen – und permanent die Erde beben lässt. Angst vor der nächsten Erschütterung hat Pepe nicht: „Ich will doch das Leben genießen. Angst macht unfrei!"

3000 km weiter südlich, entlang der *Carretera Austral* im chilenischen Patagonien, passieren wir einen gewaltigen Erdrutsch. Der ganze Berg scheint ins Tal geflossen zu sein, eine kilometerlange Paste aus Schlamm, aus der Bäume und busgroße Felsen ragen. Und irgendwann Dächer. Das halbe Dorf Villa Santa Lucia liegt begraben unter Geröll. An einem Samstagmorgen, kurz vor Heiligabend

VILLA SANTA LUCIA, CHILE

Mit 70 steht Claris wieder vor einer Lebensaufgabe

2017, hört Claris Lärm „wie von einem Bulldozer." Sie schaut aus dem Küchenfenster. Schlamm und Autos fließen vorbei, dann ganze Nachbarhäuser. Claris ruft Mann, Kinder, Enkel aus den Betten. Während das Geröll Wände eindrückt und den Boden hebt, hält die Familie einander fest. Vier Minuten beten sie zu Gott, dann wird es still. Als sie sich ihren Weg nach draußen bahnen, finden sie das Bettchen des Nachbarkindes an ihre Hauswand gepresst, darin der tote Junge. Claris' Haus blieb als einziges verschont. 23 Nachbarn starben. Und während viele Hinterbliebene den Glauben an Gott verloren, erklärt sie sich ihr Glück mit dessen Willen: „Gott ist der Souverän." Warum er ausgerechnet sie hat überleben lassen? „Weil wir berichten sollen, dass wir *en serio,* ernsthaft, an ihn glauben müssen." Mit 70 bauen sie und ihr Mann Mario alles wieder auf, ohne staatliche Hilfe. Geld gäbe es nur, wenn sie an einen Ort zögen, der sicher sei. Nur noch 60 von 250 Einwohnern sind geblieben. Dabei hätten sie hier doch alles, meint Claris. Wasser, Natur, Ruhe. „Nur die Nachbarn fehlen." Und während Mario noch immer Geröll vom Grundstück schafft, pflanzt Claris Bäume und Blumen.

Vier Minuten sahen sie dem Tod entgegen. „Natürlich habe ich mich gefragt, ob ich ein gutes Leben hatte. Und konnte es, Gott sei Dank, mit „Ja" beantworten. Wir hatten eine kleine Herberge, waren nicht arm. Uns ging es gut." Das Jüngste Gericht tagte für Claris schon im Diesseits. Wir fahren weiter und Gedankenfetzen jagen durch meinen Kopf. Wenn ich sterbe und darum weiß, gelten keine Ausreden mehr für verpasste Chancen und Herzlosigkeit. Menschen wie Claris, Pepe und Tommy sind für mich Wegweiser. War, und ist, mein Leben ein gutes, ein erfülltes? Habe ich Wärme und Leichtigkeit geschenkt oder Hass und Trübsinn verbreitet? Habe ich inspiriert oder Träume zerredet? Haltung bewahrt oder mich opportun und feige verhalten? Habe ich gehadert oder angepackt?

CARRY ONE.
IDIOTS

PERSPEKTIVWECHSEL

James reicht mir ein halbautomatisches Sturmgewehr, das meistverkaufte. Drei Kilo Mordpotenzial. Ein Achtzehnjähriger darf es kaufen, aber kein Bier.

„Wie Ergometer fahren in der Trockensauna!", flucht Daniel, leiht sich den Wasserschlauch eines Autowäschers und duscht sich ab. Hier in Tadschikistan, am Fuß des Pamir, misst der Tacho die Qualen: 42 Grad, über 1000 Höhenmeter täglich, auf grob geschotterten Pisten. Seit Tagen fühlen wir uns wie Schildkröten auf Rädern, halluzinieren von eisgekühlter Cola, Vanilleeis und dem Meer. Alles dreht sich um uns selbst. Touristensorgen im ärmsten Land Zentralasiens. Ein Drittel der Frauen, Männer und Kinder hungert, ein Viertel durstet. Hussein ist davongekommen. Ein Bänker, der Englisch spricht und „hoffentlich bald" auch unsere Sprache, um ein Visum für Deutschland zu bekommen. Er weiß um die vielen Geflüchteten aus Syrien und Afghanistan, und fragt, wie seine Chancen stünden. Er nickt, als wir ihm von den Hürden berichten, die man immer höher schraubt. Selbst für einen wie ihn, gerade für einen wie ihn, der nicht vor Krieg und Verfolgung flieht, sondern sich „nur" nach einem besseren Leben sehnt. „Und dann stellt sich die Frage, ob du dich wohl fühlen würdest. Als Muslim ist es schwer in manchen Regionen." „Was habt ihr gegen uns?", will Hussein wissen. „Alles fing wohl mit 9/11 an, als Muslime ins World Trade Center …" – „Das waren doch aber keine Muslime!", unterbricht er mich erstaunt. Wer sonst? „Die Amerikaner selbst. Die Bush-Regierung." Woher er denn die Info habe, frage ich und sehe mich schon mit Verschwörungsvideos malträtiert. Doch das Smartphone bleibt in der Hosentasche und Hussein ernst. „Von *Russia Today*." Dem russischen Nachrichtensender. So selbstverständlich berichtet er, wie wir von einem Beitrag aus der Tagesschau. Anschließend erzählt jeder seine Version der Wirklichkeit.

Ähnliches widerfährt uns in Pakistan, wo die Amerikaner 2011 bin Laden erschossen. Alle, wirklich alle – vom Bauarbeiter über den Lokalpolitiker bis hin zum Universitätsprofessor – sind davon überzeugt, dass Washington schon lange wusste, wo sich bin Laden aufhielt. In Abbottabad, einer großen Stadt direkt am Karakorum Highway. Alle lachen über uns, die glauben, er sei im Arabischen Meer versenkt worden. Was für uns eine Lüge ist, gilt in anderen Teilen der Welt als Wahrheit – und umgekehrt.

„Ich habe ein mulmiges Gefühl", gesteht mir Daniel im Flieger Richtung USA. Bald werden wir hineingeworfen in ein Land, dessen Einwohner Donald Trump zum Präsidenten wählten und den Besitz von Waffen als Bürgerrecht verteidigen. Den allerersten *Gunshop* unseres Lebens betreten wir in der Wüstenstadt Pahrump, unweit von Las Vegas. Waffenhändler James, offen, freundlich, und klischeehaft dick, ruft über den Ladentisch: „Wollt ihr was kaufen oder seid ihr Touristen?" Wir outen uns, sind schon fast wieder draußen. „Kein Problem, schaut euch um, stellt mir all eure Fragen! Ich kann euch Waffen zum Halten reichen!" Bis zum Ladenschluss löchern wir ihn (mit Fragen). Auf 100 US-Amerikaner kommen 88 Schießeisen, gerne auch offen getragen im Walmart, in Nationalparks oder an Tankstellen. Entweder am Gürtel oder modisch im Schulterholster. James rattert sämtliche Statistiken der NRA herunter: „Waffen werden 80-mal

ONALASKA, WASHINGTON STATE

„Gibt es ein Leben nach dem Tod? Einen Schritt weiter und du findest es heraus!“

SEATTLE, WASHINGTON STATE

„Wir glauben: Schwarze Leben zählen. Kein Mensch ist illegal. Liebe bedeutet Liebe. Frauenrechte sind Menschenrechte. Wissenschaft ist Realität. Wasser bedeutet Leben. Jede Ungerechtigkeit bedroht die Gerechtigkeit.“

häufiger eingesetzt um Leben zu schützen als zu töten." So viele Morde würden verhindert, so viele Diebe von Überfällen abgehalten. In meiner Welt ist er ein Realitätsverweigerer, in seiner bin ich es. „Es gibt in Pahrump nur einen Laden, in dem Waffen verboten sind – und jetzt ratet mal, wo immer eingebrochen wird!" James reicht mir ein halbautomatisches Sturmgewehr, das meistverkaufte. Drei Kilo Mordpotenzial. Ein Achtzehnjähriger darf es kaufen, aber kein Bier. James ist nicht zu bremsen: Eine Knarre im Wagen sei überlebenswichtig, wenn der Pick-up mal liegen bleibe und falls Ganoven die Situation ausnutzten. Es gibt viele „falls" und „wenns" in diesem Gespräch. Die Stadt sei zwar sicher, falls aber doch ein Moment der Unsicherheit einträte, müsse man vorsorgen. „Meine Frau ist Jüdin", meint James' Kollege. „Sie traut sich ohne Pistole nicht aus dem Haus. Denkt nur an die vielen Palästinenser!" In Pahrump, umgeben von Wüste? James' Frau ist Lehrerin: „Zwei Drittel meiner Schüler haben Waffen." Lehrer mit Pistolen ausstatten? Unbedingt! Allein 2018, in dem Jahr unseres Besuchs, schossen 97 Wahnsinnige in Schulen. Schulranzen sollen Schutzschilder sein, der Verkauf von *bulletproof backpacks* steigt. Sorgen sollten wir uns aber nicht, die Stadt sei absolut sicher. „Wegen der Leute oder der Waffen?" Alle drei antworten gleichzeitig, wie aus einer Pistole geschossen: „Na, wegen der Leute!"

Am Grand Canyon schlagen wir das Zelt neben Gavin auf, einem Wanderer, der die großen Trails Amerikas läuft. Sein Rucksack, kein kugelsicherer, wiegt kaum mehr als ein Beautycase. Er schläft unter freiem Himmel und ernährt sich von Fertignudeln, eingeweicht in kaltem Wasser. So wie die anderen seiner genügsamen Spezies. Ein sympathischer, junger Typ, der sich vor Grizzlys und zu viel angestaubter Sesshaftigkeit zu schützen weiß. Doch dann der Schreck: Am Lagerfeuer „outet" sich Gavin als Trump-Wähler, er habe sogar eine Rede von ihm besucht. „Trump kennt sich mit Wirtschaft aus", so Gavins Begründung. „Er war der maximale Arschtritt. Eigentlich wähle ich die Demokraten, doch ich hatte keine Lust auf die nächste Präsidentendynastie." „Aber spätestens als er einen Behinderten nachäffte, muss dir doch klar geworden sein, dass Trump ein menschliches Desaster ist?" Gavins Antwort: „Das habe ich ausgeblendet."

Ein paar Tage später treffen wir Pfarrer Harry, der uns einlädt, in seiner Kirche zu übernachten. Harry ist stockkonservativ, Republikaner und Waffennarr. „I have 25 beautiful guns and I love them all!", schwärmt er. „Kommt mich zu Hause besuchen, dann können wir ordentlich ballern. Die Magnum wird euch den Arm auskugeln, ein heißes Teil." Du darfst nicht töten, heißt es in der Bibel – „außer in Notwehr!", zitiert Harry einen anderen Passus. Seine Waffen lässt er sich nicht nehmen, deshalb die Stimme für Trump. Beim Abendbrot setzt sich eine Glaubensschwester zu uns und wirkt, positiv ausgedrückt, klein und geknickt. Ich frage, ob alles okay sei, und sie flüstert: Ihr Schwiegersohn, christlich und Pastorensohn, chatte in Schwulenportalen. Seine Frau habe ihn ertappt. Auf Empfehlung eines Geistlichen zog sie kurzzeitig aus, damit sich ihr Ehemann wieder „berappele“. „Wir sind alle Sünder“, schluchzt die Gläubige. „Aber ich mache mir große Sorgen, dass mein Schwiegersohn nicht wieder auf den rechten Weg kommt.“

GESEGNETER SCHLAFPLATZ IN HARRYS KIRCHE
PEACH SPRINGS, ARIZONA

BEWAFFNETER BESUCHER IM
GLACIER NATIONALPARK, MONTANA

SPRIT

Nur eine Kleinigkeit soll er mir geben, der kalifornische Sunnyboy an der Tankstelle. Einen Liter Sprit für unseren Kocher – von dem, was er sich gerade selbst in seinen US-amerikanischen Kleinwagen pumpt. In seinen Monstertruck. „No problem“, lächelt das Brad-Pitt-Duplikat, füllt die Benzinflasche auf – und bittet mich dann um die 75 Pence, die ich ihm schulde.

Auch in Bolivien, dem ärmsten Land Südamerikas, müssen wir „volltanken“. Pedro nickt, „No problema!“, und schon ist die Flasche voll. Wir möchten zahlen. „Nein, nein. Gratis“, winkt er ab. „Warum schenkst du uns den Sprit?“, wollen wir wissen. „Das war doch nur ein Liter.“

ALTENPFLEGE

Was lernt man auf Reisen alles nicht ohne das wichtigste Ausrüstungsteil, die Landessprache, im Kopf.

Janyl macht das beste Frühstück Kirgistans. Sie tischt selbst gemachte *warenja* auf, Himbeerkonfitüre, dazu Grießbrei, frisches Brot mit Butter und Wassermelone, aus der Zuckersaft tropft. Als Englischlehrerin ist sie das größte Geschenk für uns, die wir zu faul zum Russischpauken waren. Eine Dummheit, die verärgert, denn ohne die Landessprache im Kopf – das wohl wichtigste Ausrüstungsteil – entgeht einem vieles auf Reisen.

Janyls Baby schreit, sie sorgt sich. Seit zwei Jahren lebt sie im Familienhaus des Ehemanns, mit Schwager und Schwiegereltern. Abends sitzen alle gemeinsam bei Tisch. Wir drängeln uns dazu, Nestwärme ist rar auf Reisen. Die Familie lässt es sich gefallen und Janyl erzählt, einmal sei sie selbst in Deutschland gewesen, während eines Studienaustausches. Sie habe dort etwas Schockierendes erfahren. „Stimmt es wirklich", fragt die 27-Jährige, „dass ihr eure Eltern in Heime abgebt?" „Ja, das machen einige", bestätige ich, und nenne Gründe: berufliche Zwänge, räumliche Distanzen, Entfremdung von den Eltern, Überforderung. Janyl schweigt.

In der Hauptstadt Bischkek dürfen wir bei Xenia und Alex übernachten. „Zahlt, was ihr wollt. Ihr seid herzlich willkommen!" 20 Jahre sind sie jung, arbeiten wie wild, um das gemietete Haus zu kaufen und später von den Mieteinnahmen reisen zu können. Alex bedruckt T-Shirts bis tief in die Nacht. Er war selbst einmal per Anhalter in Russland unterwegs und weiß, wie wir die Soms beisammenhalten. „Du brauchst *passive cashflow*", rät mir Xenia. „Dann kannst du reisen und verdienst gleichzeitig Geld."

Sie hat wilde Locken, Kurven und Rehaugen, die ihre Gewieftheit nicht verbergen können. „Stimmt es, dass ihr eure Eltern in Heime bringt?“ Ich bejahe, erkläre wieder. Xenia unterbricht und greift nach dem Smartphone, ein Wort fällt ihr nicht ein. *Excuses*, übersetzt Google. „These are all excuses.“ Alles Ausreden. „Wenn ihr eure Eltern ins Pflegeheim karrt, ist das nicht besser, als hätten sie euch im Kindesalter ins Waisenhaus gesteckt.“

ALABELPASS, KIRGISTAN

Die Almen werden nur während des kurzen Sommers bewirtschaftet

MARKTFRAU | OSH, KIRGISTAN

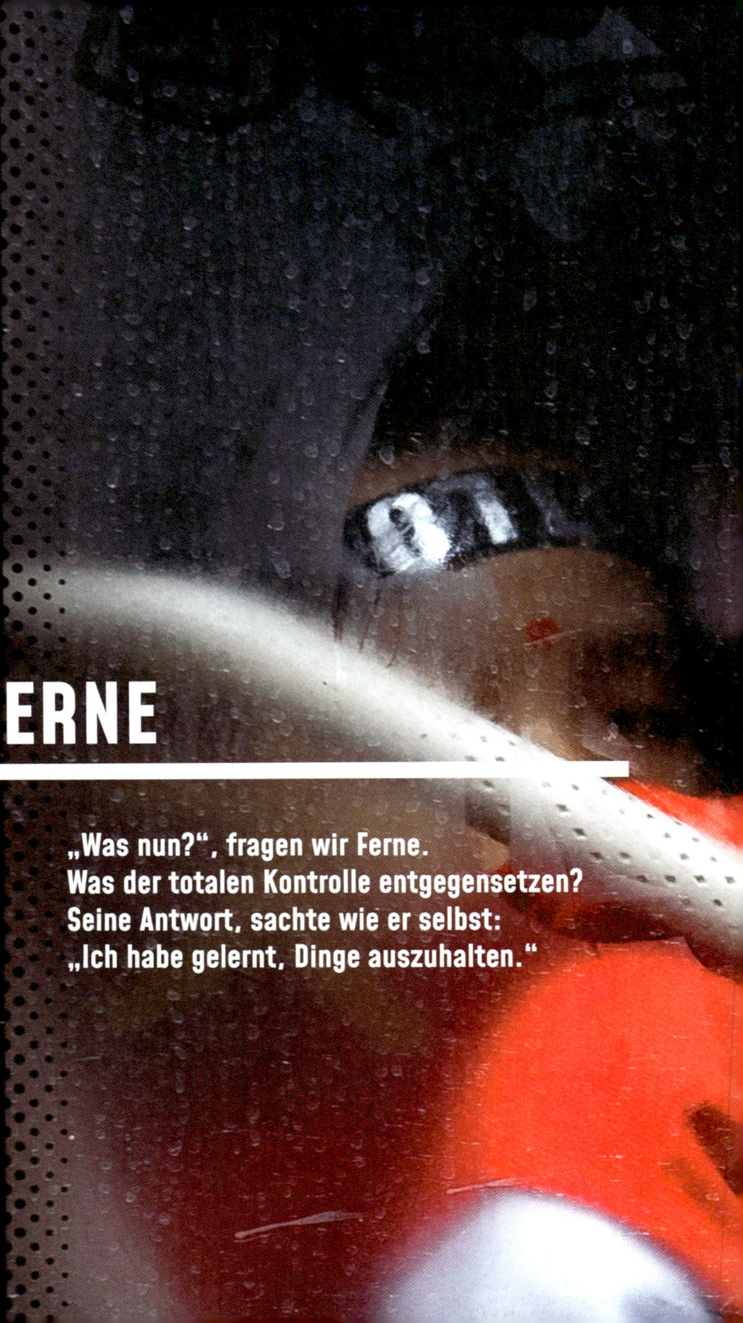

FERNE

„Was nun?", fragen wir Ferne.
Was der totalen Kontrolle entgegensetzen?
Seine Antwort, sachte wie er selbst:
„Ich habe gelernt, Dinge auszuhalten."

LOVE

Neun Polizisten führen uns ab, schaffen uns und die Räder mit Blaulicht ins Unbekannte. Es ist Mitternacht und China heißt uns herzlich willkommen. Obwohl wir bei Einheimischen zelten, muss uns jemand verpfiffen haben, vermutlich die Gastgeber. Vielleicht aus Angst, selbst denunziert und ausgeliefert zu werden. Wir sind hundemüde, doch die Nerven gespannt wie Gitarrensaiten. Ich halte Daniel zurück, als die Polizisten die Heringe aus dem Boden ziehen. Wie stumpfsinnig, wie hirnverbrannt. Wir müssen einpacken, dann karren sie uns stundenlang durch die Nacht auf der Suche nach einem Hotel mit Lizenz für Ausländer, bis sie endlich fündig werden. Unsere Rache, wenn auch klein, lindert die Wut: Wir behaupten, noch keine Yen zu besitzen – entnervt holt der Polizist seinen eigenen Geldbeutel, schlägt die Scheine auf den Rezeptionstresen und übernimmt, um uns endlich los zu sein.

So frei wir in Zentralasien reisten, so befangen fühlen wir uns bereits an der chinesischen Grenze. Iris-Scan, Spracherkennung, Ganzkörperröntgen. Sämtliche Daten werden gecheckt, alle Ausrüstungsgegenstände kontrolliert – zweimal. Das Milchpulver mit angelutschtem Finger einem Geschmackstest unterzogen – Kokainprobe bestanden.

Der Grenzübertritt dauert den gesamten Tag. Auch, weil wir auf ein Taxi warten müssen, selbst fahren ist in Grenznähe verboten. „This special place", meint der Chef der Truppe. Und verweist auf eines der rebellischsten Gebiete des Landes, die Provinz Xinjiang.

Wir sind auf dem Weg nach Kaschgar, fahren auf besonders heißem Pflaster. Unterworfen und entwürdigt werden hier die Uiguren, ein Turkvolk und die muslimische Minderheit Chinas. Die Seidenstraße, die Peking mit Milliarden aufleben lässt, führt durch ihre Heimat. Um das Projekt durchzupeitschen, werden die Uiguren „auf Linie" gebracht, Han-Chinesen in der Provinz angesiedelt, die zentrale Posten übernehmen und die Uiguren verdrängen. Die Muslime werden gefilmt, sobald sie eine Moschee betreten, dürfen keine langen Bärte tragen, sich nicht verschleiern. Manche lassen sich von Taliban im benachbarten Pakistan zu Kämpfern ausbilden, um sich mit Anschlägen gegen die Demütigungen zu wehren. Die Kommunisten reagieren: Die Unfreiheit ist an jeder Straßenecke der Stadt Kaschgar sichtbar. Halbstarke patrouillieren mit Maschinengewehren und Splitterschutzkleidung, kontrollieren Ausweise und lesen Smartphones aus. Überall spähen Kameras. Jeder Gemüseladen, Spätverkauf und jedes Restaurant muss seine Ladentür vergittern – weshalb, wissen wir nicht. Panzersperren blockieren Ämter, Schulen, Gehwege. In der Früh kreischt ein Alarm und scheucht die Bewohner auf die Straße, die nun mit Knüppeln Nahkampf üben. Uiguren trainieren, wie sie ihresgleichen bekämpfen. Polizei und Kameras überwachen das Trauerspiel.

Tankstellen sind besser abgeriegelt als Fort Knox, auch hier kontrollieren Spezialkommandos. Während der Fahrer auffüllt, müssen die Passagiere vor dem Gelände warten. Touristen ist das Tanken verboten. Wir brauchen Sprit

KAMERAS, METALLDETEKTOREN UND POLIZEI ÜBERWACHEN JEDEN MARKTBESUCHER. CHINESISCHE LANDESFLAGGEN DOMINIEREN DAS STRASSENBILD IN DER UIGURISCHEN PROVINZ XINJIANG

Kaschgar, China

POLICE
POLICE
POLICE
警察
POLICE
警察
POLICE
SECUDA

für den Kocher und unser Hotelmanager macht sich strafbar – wortlos übergibt er uns eine geschmuggelte Flasche.

Als wäre das nicht genug, kurven Polizeiwagen mit heulenden Sirenen im Schritttempo durch die Stadt, um Frauen und Männer zu schikanieren. Die Allmacht Pekings, die Ohnmacht der Uiguren. Kein Schritt ein privater, kein Schritt mehr ein freier.

Auch wir müssen uns fügen, ein Dutzend Passkontrollen zwingen zum Anhalten. Kameras und Wachposten observieren selbst in der Wüste Taklamakan. Erst später erfahren wir von den „Erziehungslagern“, den Gulags Chinas, in denen bis zu eine Million Uiguren gefangen gehalten werden.

Einer der außergewöhnlichen Gastgeber des Landes sitzt auf einem Plastikhocker und ist der leibhaftige Strich in der Landschaft. Nach einem Deutschkurs gab er sich den Namen „Ferne“. Ein paar Tage dürfen wir kostenfrei

KASCHGAR, CHINA

HINTERGRUND CHINA

aus: „KulturSchock China" von Manuel Vermeer

Ist die Rede von „den Chinesen", so sind zumeist die sogenannten Han-Chinesen gemeint, die etwa 92 % der Bevölkerung ausmachen. Daneben verzeichnet China offiziell 55 nationale Minderheiten, die überwiegend in den Randgebieten leben. Letzteres hat den einfachen Grund, dass sie in Provinzen leben, die erst in jüngerer Zeit dem chinesischen Reich einverleibt wurden, am bekanntesten natürlich die Provinzen Xinjiang im Nordwesten und Tibet (chin.: Xizang) im Südwesten. Der chinesischen Zentralregierung ist daher besonders daran gelegen, dass es hier nicht zu Unruhen kommt und dass die Bewohner keine weitergehenden separatistischen Tendenzen zeigen. Dies wird ausschließlich durch militärische Präsenz und Unterdrückung erreicht. Minderheiten in China haben keine Probleme, sofern sie auf die Ausübung ihrer traditionellen Rituale und Lebensgewohnheiten verzichten. Beharren sie darauf, wie zum Beispiel in Tibet, dessen Bewohner ja nicht nur Unabhängigkeit fordern, sondern zusätzlich ihrem eigenen Glauben nachgehen möchten, werden sie verhaftet, gefoltert und ins Gefängnis gesteckt.

und hundertprozentig illegal unser Zelt auf seinem Dach aufstellen. Ferne, ein Han-Chinese, spricht Englisch, verdingt sich beim Häuserbau, jobbt in Hotels und träumt davon, Politikwissenschaft in Europa zu studieren. Doch er bleibt. Nie wettert er direkt über den Staat, Ferne spricht durch seine Bücher, die sich in seinem Zimmer stapeln, den Weg zum Bett versperren und vom Sofa geräumt werden müssen, will man sich setzen. Ferne schätzt Orwell, liest Eggers' *The Circle*. Ich frage ihn, was er von dem Punktesystem seines Landes hält, aber er scheint von nichts zu wissen, oder will es nicht wissen. Peking ist dabei, ein Rating einzuführen, das die Hörigkeit aller 1,4 Milliarden Chinesen misst. Als Datenquellen dienen Kranken- und Gerichtsakten, Finanztransaktionen, aber auch Online-Suchanfragen und -Einkäufe, Einträge in sozialen Netzwerken, Fitness- und Bezahl-Apps. Ein gewaltiger Datenschatz, Pilotprojekte laufen erfolgreich.

Treiben die Bürger Sport, engagieren sich ehrenamtlich und informieren sich in Peking-treuen Medien, erhalten sie höhere Sozialleistungen, werden am Arbeitsplatz befördert und bevorteilt bei Krediten und Reisegenehmigungen. Wer sich im Netz negativ über die Kommunisten äußert, sich ungesund ernährt, vordrängelt oder zu schnell fährt, dem drohen Minuspunkte und damit erschwerte Kreditbedingungen oder der Jobverlust. Die Punktzahl ist in den sozialen Netzwerken einsehbar und wird von Heiratsagenturen als Statussymbol genutzt. Wer sein Smartphone beseitigt und aus der virtuellen Welt entschwindet, verhält sich umso verdächtiger.

„Was nun?", fragen wir Ferne. Was der totalen Kontrolle entgegensetzen? Seine Antwort, sachte wie er selbst: „Ich habe gelernt, Dinge auszuhalten."

MÄNNERRUNDE IN EINEM TEEHAUS | KASCHGAR, CHINA

PER ANHALTER

In einem Pick-up, der so aussieht, als hätte ihn Henry Ford noch persönlich zusammengeschraubt, zieht sie um, von der Hölle in die Wüste.

Es ist August in Kirgistan und die Last kontinentaler Hitze hängt wie Blei an den Rädern, klebt und zieht an unseren Körpern. Mattgelbe Wiesen, Ödnis, die die Sinne stumpf und träge macht. In Läden ohne Ordnung und Liebe verkaufen dicke Kirgisinnen Wodka und Bonbons, verschrumpelte Äpfel und abgelaufene Butter. Ein Mann, der Schnaps ausatmet, schenkt uns Brot, das wir essen, obwohl es nicht schmeckt. Vier Stunden später schlagen wir mit Magendrücken unser Zelt auf einer Viehweide auf. Dann beginnt das dramatische, nein, Darm-atische Feuerwerk. Daniel und ich laufen um die Wette, bald rücken die Steinhäufchen immer näher ans Lager, denn wir werden schwächer und müder. Die Aussicht auf einen steilen, 1.200 m hohen Pass stimmt uns völlig depressiv. Mit leergeräumtem Magen und Darm brechen wir am nächsten Morgen auf. Wie Schnecken quälen wir uns den Berg hinauf, Stunden der Schinderei vergehen. Ich traue mich nicht vom Sattel, wage nicht zu testen, ob die Schließmuskeln ohne Stütze ihren Auftrag noch erfüllen. Plötzlich stoppt ein Kleinwagen. Mit unserem jämmerlichen Russisch decodieren wir die Wörter *maschina* und *wjelocipjed*, Auto und Fahrrad. Er will uns mitnehmen. Keine Sekunde bezweifeln wir, dass der Stapelmeister uns, die Räder und alles Gepäck in seinen Winzling pfropfen könnte. In all dem Kampf und Magenkrampf hält mein Hirn kurz inne. Fängt an, die Geste zu fassen, das Mitgefühl wie Treibstoff hinunter in die Beine zu pumpen. Wir lehnen ab, bereichern uns aber an der Güte des Kirgisen.

Ein anderes Mal nehmen wir dankend an, in Iran. Eine schleimgrüne Wolke schiebt sich uns entgegen. Noch wissen wir nicht, dass uns bald der Sand der Wüste um die Ohren fliegt und die Zähne abschmirgelt. In einem Schuppen ohne Fenster und ohne Türe suchen wir Schutz. Etwas anderes ist nicht in Sicht. Ein kleiner Citroën bahnt sich seinen Weg durch die Apokalypse. „Come with me, come with me!“ Ali stopft und drückt die Räder und alle Radtaschen kreuz und quer in sein kleines Auto. Er ist gut gelaunt und will Musik: dreht so lange am Knopf, bis die Lautsprecher vibrieren. Beim Fahren knipst er Selfies für das verbotene Facebook. Alle zweitausend Freunde sollen wissen, dass er Westler ergatterte. Ali ist Hotelbesitzer und fährt zu seinem Anwesen, wo uns der Koch mästet und ein anderer derweil die Suite herrichtet. Nur die Kaugum-

TEHERAN, IRAN

Hotelbesitzer Ali „entführt“ uns in sein Hotel

mis aus Deutschland akzeptiert Ali als Geschenk, alle Scheine und Münzen schlägt er aus.

Gute Laune strahlt John nicht aus. Ein Grobian, Modell weißer, wuchtiger Stahlarbeiter, tätowiert, braune Zähne und Sechstagebart. Aber er betankt gerade seinen Truck mit riesiger, leerer Ladefläche. Wir müssen über die Interstate inmitten der Wüste Utahs, Fahrradfahren ist hier nicht erlaubt. Ich spreche John an, doch er meint, er wolle in die andere Richtung. Erleichtert drehe ich ihm den Rücken zu, visiere das nächste mögliche Opfer an. „Halt, ich fahr euch trotzdem. Ich hab Zeit und helfe gerne." John wird mit uns in die Gegenrichtung düsen, über Migranten wettern, die Pistole unterm Fahrersitz zeigen und erklären, wie man Eichhörnchen abballert. Und uns 100 Kilometer weiter – lächelnd – absetzen und umkehren.

Unser US-Visum läuft ab, wir müssen mitfahren. Bei John und bei anderen Irrwitzigen: Da ist Ben, der Marihuana fotografiert: „Ich komm kaum hinterher mit den Aufträgen!" Oder Josh, der als Elektriker 1000 Dollar am Tag kassiert, Frau und Kind aber nur hin und wieder sieht: „Geld macht nicht glücklich, aber süchtig." Eric, der für uns 180 km Umweg fährt: „Ich hab noch keine Lust auf meinen Schreibtisch." Dessen Frau psychisch krank ist und keine Rente sparen kann: „Es ist völlig unklar, wie sie im Alter zurechtkommt. Ich verdiene gerade genug für mich."

Joni und Mitch nehmen uns mit zu sich nach Hause und erzählen von ihren Sammelaktionen, um 5.000 Dollar zusammenzukratzen – nur gegen Geld durfte die Tochter

JOSH AUS WASHINGTON STATE, USA

„Geld macht nicht glücklich, aber süchtig."

auf eine Organspendeliste. Jahrelang litt sie an Mukoviszidose. Heute hat sie eine neue Lunge – und OP-Schulden.

Trotz des übergroßen Gepäcks findet sich immer ein Fahrer, der uns mitnimmt. Nur einmal sind die Voraussetzungen schlecht: Wanderarbeiter aller Herren Länder versuchen ihr Glück auf den Cannabis-Farmen Nordkaliforniens, Semiobdachlose mit schiefen Gesichtern scharen sich um die einzige Tankstelle. Wir warten am Straßenrand, Stunde um Stunde siecht dahin. Unsere Klamotten sind abgetragen und schmutzig. Auf den ersten Blick unterscheidet uns einzig das Rad von den Menschen, denen wir begegnen. Aus den Wagen, die anhalten, quellen Marihuanawolken. Schließlich erbarmt sich Melanie, der

JONI UND MITCH | VACAVILLE, KALIFORNIEN

SPONTANE MITFAHRGELEGENHEIT IM LANDESTYPISCHEN LKW | SKARDUTAL, PAKISTAN

AUF DEN ALTKLEIDERSÄCKEN SIND DIE RÄDER WEICH GEBETTET | OSH, KIRGISTAN

Tief- und Höhepunkt unserer Mitfahrabenteuer. In einem Pick-up, der so aussieht, als hätte ihn Henry Ford noch persönlich zusammengeschraubt, zieht sie um, von der Hölle in die Wüste. Ihr „Mistkerl von Ehemann“ prügelte sie über Jahre hinweg. Melanie las, um vor der Wirklichkeit zu fliehen, selbst in der *Encyclopedia Britannica* fand sie Asyl. Nun reißt die spindeldürre Frau aus, mit nur ein paar Habseligkeiten und – mühevoll dazwischen gequetscht – 12 Radtaschen und zwei Fahrrädern. Melanie lacht nervös. Sie zittert und greift in eine Schatulle neben dem Steuerknüppel. „Do you smoke pot? I need only one hit.“ Aus einem werden zwei Züge, drei. Sie entspannt und erzählt von ihrer Tochter, „eine Drogensüchtige, die nach ihrem Knastaufenthalt verschwand.“ „Warum hast du uns mitgenommen?“, will ich wissen. „Wir sollten uns doch alle gegenseitig helfen. Pay it forward.“

LAGUNENROUTE

Pedro ist kein Tourist, er sucht nach UFOs – das Altiplano sei ein „Hotspot für Aliens". Er fuchtelt mit den Händen, ahmt das Blinken der Raumschiffe nach und summt Mantren, um sie anzulocken.

Der Wind drückt einem die Kehle zu. Die Weite klemmt ein, die Sonne geizt mit Wärme und die Luft mit Sauerstoff. Das Altiplano, die Hochebene Boliviens: Wo Berge verrosten und Ebenen verdursten. Nirgendwo sonst fürchten, fluchen, hassen und staunen wir mehr. Nirgendwo sonst sind wir vernarrter in die Welt, in das Leben.

Keine Zweifler, keine Zögernden und keine Schwachen lässt die Hochebene gewähren. Wer sie auf dem Rad quert, muss standhalten. Hunderte Kilometer Sand, Schotter und Geröll. Pässe ohne Namen, die in den Himmel führen. Lagunen, die den Durst schüren: salzig, feuerrot, neongrün. Dazwischen wir – das Rad mal schiebend, mal hievend. Mit dabei haben wir kiloweise Proviant und Wasser. Wir können nicht glauben, dass hier jemand lebt – besser gesagt: überlebt. Frauen und Männer hausen in Hütten, die nicht viel mehr als Ställe sind. Sie versorgen Lamas, und Touristen, von Jeeps in Massen ausgespuckt.

CHUVICA, BOLIVIEN

Juan bewirtet die *gringos* und die *chinos*. Ein schnelles Essen auf dem schnellen Trip. Er lässt uns die Schlafmatten im Speisesaal ausrollen, doch unsere Pesos lehnt er ab. Warum wir nicht bezahlen dürfen? „Vielleicht, weil ich ein *buen hombre*, ein guter Mensch bin." Ein paar Tage weiter teilt Gloria ihr heißes Mittagessen. Sie will wissen, welche Länder, welche Kontinente wir bereisten. Als ich die USA erwähne, fragt die Wüstenfrau: „Stimmt es, dass dort die Meerestiere sterben, weil der Ozean verschmutzt ist?"

Sie führt mich zum Wasser, das Erlösung bringt. Irgendwann steigt ein Spanier in die heiße Quelle. Mein siebter Sinn täuscht nicht: Pedro ist kein Tourist, er sucht nach UFOs – das Altiplano sei ein „Hotspot für Aliens." Je naiver meine Fragen, desto mehr kommt er in Schwung. Er fuchtelt mit den Händen, ahmt das Blinken der Raumschiffe nach und summt Mantren, um sie anzulocken. „Ich spüre Aliens überall." Pedro nimmt ein Billigshampoo, wäscht sich mit viel Schaum die Haare und schaut dabei zu, wie die Chemikalien in die Lagune zu den Flamingos fließen.

Während wir uns unterhalten, zerschneiden Lenticulariswolken (die UFOs ähneln) den Himmel, einen Wetterwechsel ankündigend. Um dem Gröbsten zu entgehen, starten wir im Morgengrauen. Ein Eiswind bläst von vorn, reißt an unserer Kleidung, packt uns an den Armen. Der Wind schlägt uns ins Gesicht und schleudert meterhohe Staubwände auf. Die Piste endet in wirren Spuren. Vorbei. Ich kann nicht mehr. Das Altiplano lässt mich nicht gewähren. Ich verfluche den Wind, die Kälte und die Armut

Boliviens, das sich kaum Straßen leisten kann. Aber am lautesten verfluche ich mich selbst, mich Größenwahnsinnige. Mich Pseudo-Abenteurerin. Daniel hat nun zwei Probleme: Das Altiplano und mich, die sich selbst aufgibt. Plötzlich hält ein Schweizer im Geländewagen. Dahae ruft gegen den Wind: „Voll geil, das will ich auch machen!“ „Wenn du blöd genug bist, nur zu“, lacht Daniel bitter. Dahae will ein Gruppenfoto, allem Sturm zum Trotz. Umarmt uns, will noch ein Foto. Und drückt mir hundert Dollar in die Hand. „Wenn ihr zurück in der Zivilisation seid, geht ihr fein essen und trinkt auf euch und auf mich!“

SOL DE MAÑANA, BOLIVIEN

4.990 m Höhe, Eiswind von vorn, wir wollen fast aufgeben. Dahae wird das nicht zulassen.

ABZIEHENDE STURMWOLKEN LASSEN DEN HIMMEL BRENNEN. OBWOHL DIE SONNE GERADE ERST UNTERGEGANGEN IST, GEFRIERT DAS SALZWASSER SOGLEICH

Laguna Colorada, Bolivien

FALSCHER ALARM

In Patagonien schwebt eine Fata Morgana über die Schotterpiste: Oli aus Slowenien marschiert uns entgegen. 27.000 Kilometer sind es von Feuerland bis nach Alaska, 1.500 hat er schon. Drei, vielleicht vier Jahre brauche er bis zur Prudhoe Bay. Und mindestens 20 Paar Schuhe. „Ich habe früher als Kellner gearbeitet und bin schon immer viel gelaufen. Ich schaffe so 30, 40 Kilometer am Tag." Einen Rucksack trägt Oli nicht, zu schwer würde der auf den Schultern lasten. Sein Gepäck transportiert er in einem Buggy, in einem Kinderwagen, mit dem Eltern hierzulande joggen gehen. Ein erprobtes Teil, schon einmal war Oli länger unterwegs, durchlief die USA von West nach Ost. Sein größtes Problem damals: „Die Leute haben die Polizei gerufen. Die dachten, ich würde ein Baby durch die Wüste fahren. Ich versteh' nicht, warum sie nicht einfach einen Blick in den Buggy riskierten." Die Polizei habe ihn zwar immer gut behandelt, mit Wasser und Essen versorgt, ihm Geld zugesteckt. „Aber mir wurde das irgendwann zu viel. Für die ständigen Kontrollen ging zu viel Zeit drauf. Deshalb hab' ich einen Sticker auf den Buggy geklebt: No baby on board!"

Olis Story erinnert an einen anderen Bericht: Eine Leipziger Familie durchradelte die Lausitz und kampierte wild. Plötzlich kam die Polizei. Jemand hatte das Zelt gesichtet und darin Flüchtlinge vermutet. Statt selbst nachzuschauen, griff der oder die Besorgte zum Telefon und alarmierte die Staatsgewalt.

12 GURKEN UND EIN SCHOKOEIS

„Hier kommen oft Leute auf dem Fahrrad oder Motorrad vorbei, ich nehme jeden auf. Ich möchte einfach, dass es den Menschen um mich herum gut geht."

Auf der Brühe schwimmt das Fett. Alles stinkt nach Schaf: Die Suppe, die Küche und bald auch wir. Carlos tischt auf, ein Schäfer der Pampa. Sein Hemd: blutverschmiert. „Wir haben heute über 1000 Schafe markiert. Einen Schlitz ins Ohr geschnitten. Und die wehren sich immer so!“ Doch er und seine Kollegen sind heute meine Helden. Noch vor einer Stunde habe ich den Wind Patagoniens angeschrien. Ein nimmermüder Sturm, der alle Ruhe raubt, nur noch zur Flucht nach vorne drängt. Radfahren in der Pampa Argentiniens fühlt sich an wie eine Treibjagd, nur sind wir die Verfolgten. Hier auf der *Estancia* hat uns Carlos einen Raum zum Schlafen aufgeschlossen und den Gasboiler für die Dusche angeschmissen. Beseelt sitze ich nun unter Schlachtern, der Wind ist ausgesperrt, löffle Brühe und werde demütig. Denn Carlos erzählt, warum er uns geholfen hat: „Hier kommen oft Leute auf dem Fahrrad oder Motorrad vorbei, ich nehme jeden auf. Ich möchte einfach, dass es den Menschen um mich herum gut geht.“

Von Carlos wurden wir ins Haus gewinkt – am anderen Ende der Welt drängen wir uns auf. Nicht der Wind, sondern die Sonne frustet. In Kirgistan, am See Toktogul. Bei gnadenloser Hitze geht es noch gnadenloser auf und ab. Der Magen wimmert, denn der Proviant ist aufgebraucht. Jeder Pedaltritt frisst Energie, macht hungriger, aggressiver, stresst. Als wir endlich ein Lokal entdecken, stürmen wir das Haus – und direkt ins Schlaraffenland. Melonen, Brot, Butter, Käse, Eier, Salat, Bananen, Weintrauben, Saft, die Tafel scheint bereit für uns und wir für sie. Daniel hält mich am T-Shirt fest, damit ich nicht sofort zugreife. Ohne ein „Hallo" frage ich die erstbeste Kirgisin, ob wir uns bedienen können. Sie schmunzelt, nickt und ruft die anderen zwanzig Frauen. Die Kirgisinnen feiern Klassentreffen und wir haben uns selbst eingeladen.

Zur richtigen Zeit am goldrichtigen Ort sind wir auch im Meeresaquarium in Monterey, an der Küste Kaliforniens. Gerade kam die Schließ-Durchsage und Joey verabschiedet die Besucher. Er hilft als Freiwilliger im Aquarium, erzählt von Fischen wie von schönen Frauen. Sein Geld macht er als Chef einer Eisdiele, einer exquisiten

NAVOIY, USBEKISTAN

Nicht nur beim Klassentreffen, auch hier drängeln wir uns zum Zelten auf – wenigstens mit einem Bier als Gastgeschenk

Adresse. Fasziniert von unserer Radreise zückt Joey einen Gutschein – und eine halbe Stunde später serviert man uns den größten, leckersten und vermutlich teuersten Schoko-Eisbecher unseres Lebens.

In Montana, im Norden der USA, helfen uns Partylöwen aus der Misere. Daniel will die Scheunen längst zu Staub zerbröselter Mormonen ablichten – zur Dämmerung. Im Nationalpark Grand Teton liegt der offizielle Zeltplatz aber zu weit entfernt, um sie mit den Rädern zu erreichen. Wir schauen uns um, entdecken ganz in der Nähe der Scheunen ein Privathaus und klopfen an. „Klar könnt ihr bei uns das Zelt aufstellen!", schüttelt uns Lyle die Hände. „Das passt super, wir haben heute eine Billardparty!" Tochter Brianna bringt schon die Drinks: „Meine Mom liebt es, Leute einzuladen. Bei uns steigt jede Woche eine Party. Jetzt holt euch erstmal was vom Buffet." Mutter Amy und ihr Ehemann Lyle sind für mich das Sinnbild „cooler Eltern". Haus und Grundstück im Nationalpark haben sie geerbt, ein Tipi darauf gebaut: Im Sommer vermieten sie das Eigenheim und ziehen selbst in das Zelt. So verdienen sie das Geld für das gesamte Jahr. Am nächsten Morgen dürfen wir nicht ohne Pancakes fort, mit auf den Weg gibt es noch eine Geschichte zum Lachen: Immer wieder hielten die Fahrer chinesischer Reisebusse vor dem Haus – die dachten, es gehöre zu den Mormonenscheunen. Einmal wuselten 50 Chinesen über ihr Grundstück, steckten ihre Nase durch Tür und Fenster und fotografierten die Familie beim Essen. Amy und Brianna scheuchten die Leute vom Hof und ließen ein Schild auf Mandarin anfertigen: „Zutritt verboten. Zuwiderhandelnde werden erschossen, Überlebende nochmal.“ Es funktioniert: heute fotografieren die Chinesen nur noch das Schild selbst.

Der Gipfel amerikanischer Nettigkeit nennt sich *Pay it forward*, „Zahl für den Nächsten.“ Es passiert uns häufig, dass der Kaffee an der Tankstelle oder das Eis auf die Hand bereits für uns bezahlt wurde. Das Prinzip ist einfach: Man spendiert etwas im Voraus für den nächsten Gast, ohne zu wissen, wer der Glückliche ist. Man stelle sich das mal zu Hause vor. Für Wildfremde bezahlen?

JACKSON HOLE, WYOMING

Spontane Partygäste bei Brianna und ihrer Familie

ZWEI „KLEINE“ KUGELN EIS | GLACIER NATIONALPARK, MONTANA

HINTERGRUND ISLAM

aus: „KulturSchock Islam" von Susanne Thiel

Wer in islamisch geprägten Ländern reist, wird oft von der ausgeprägten Gastfreundschaft vieler Menschen, auch gerade der meistens nicht wohlhabenden Landbevölkerung, verblüfft sein. Sind Reisende in ländlichen Gebieten unterwegs und treffen auf Menschen, die gerade eine Mahlzeit zu sich nehmen, wird ihnen dieses (meist nicht üppige) Essen oftmals angeboten. Die Gastfreundschaft dient sicherlich teilweise dazu, Beziehungen auszubauen und Verbindungen zu stabilisieren, da sie aber auch völlig Fremde einschließen kann, ist Freundlichkeit gegenüber Gästen eher als Ehrensache anzusehen und dient keinem bestimmten Zweck.

In puncto Gastfreundschaft kann es auf unserer Reise kaum jemand mit den US-Amerikanern aufnehmen – außer den Iranern. Täglich überladen sie uns mit Brot, Bonbons, Keksen, Orangen, Malzbier oder auch Muffins. Manchmal passt nichts mehr in die Radtaschen. In den ersten vier Tagen geben wir keinen einzigen Rial aus, leben vollends von iranischer Gastliebe. Viele Einladungen zum Tee müssen wir ablehnen, sonst kämen wir schlicht nicht voran. Zum Zelten kommen wir hier kaum – mitunter werden wir regelrecht abgefangen und mitsamt den Rädern zum Haus der Gastgeber chauffiert. Dort trommelt man die Nachbarschaft zusammen und tafelt ein Essen auf, das an den Festtagstisch zu Heiligabend erinnert. Dabei werden wir Zeugen überraschender Szenen: Einer äfft leiernd den Muezzin nach. Mit der Kopf-ab-Geste deutet der Nächste auf seinen Führer Khamenei im TV. Bauer Massud zwingt uns, sein Geschenk in Gänze mitzunehmen: Keine der 12 Gurken dürfen wir zurücklassen.

NATUR HEILT

Er kaufte einen Wohnwagen, seine Frau musste raus aus ihrer schwarzen Welt. Hinein ins Schöne und Bunte, in die Ruhe, ins Abenteuer.

Wir mutieren zu Terroristen, zu Telefonterroristen im Kampf um eine Zeltmöglichkeit im ersten Nationalpark der Welt: Yellowstone. 1872 gegründet, berühmt für seine Grizzlys, Bisons, Wölfe und Geysire. Doch jetzt im Frühjahr sind die Straßen noch von Schneewänden gesäumt und viele Zeltplätze geschlossen. Die Verwaltung empfiehlt „in einem Rutsch durchzuradeln" – unmöglich. Plötzlich haben wir den Chef der Straßenwacht am Telefon. David gehört zu der Handvoll Robusten, die selbst im Winter in Yellowstone ausharren, wenn man es nur mit dem Schneemobil in die Zivilisation schafft. „Ihr könnt gerne bei mir übernachten", bietet er an, ohne uns zu kennen. Kaum haben wir die Räder in seiner Garage abgestellt, frohlockt er: „Lust auf eine Safari?" Klar! David hat viel Erfahrung, leistungsstarke Ferngläser und den Schlüssel für alle Schranken im Park. Als wir am Abend auf die Bisons und Bären anstoßen, packt David seine Story aus. Er überwinterte mehrere Jahre als Techniker am Südpol. „Ich bin eher schüchtern, deswegen haben sie mich ausgewählt. Die brauchen keine Lauten da unten." Die ewige Finsternis lockte selbst die Stillsten aus der Reserve, literweise floss der Alkohol. Spontan gründeten sich Bands, die wilde Partys anheizten. „The time of my life", zwinkert David. Er baute ein Haus auf Costa Rica, außerdem ein *Earthship* in Arizona und konnte beides nicht halten, weil die Krebstherapie seiner Frau allen Verdienst kostete. Sie überlebte, doch um die Schuldenberge abzutragen, meldete sich David als Techniker im Irak und in Afghanistan, fünf Jahre lang wurde der Krieg sein Alltag. Nicht die Angst vor dem Tod zehrte an ihm, sondern das Nichts an Privatsphäre und Ruhe, das ständige Wachliegen in überfüllten Camps, die nächtlichen Mörserangriffe, immer im Alarmzustand. Der seelische Ruin für einen, der es gerne still hat. Die Winter in Yellowstone erinnern David an den Südpol, „alles ist dann nur noch weiß, nichts reizt die Sinne."

Auch Kristi strauchelte am Abgrund. Jahrzehntelang. Es gießt in Strömen, Anfang Juni herrscht im Glacier Nationalpark noch immer Daunenjacken-Wetter. Eigentlich schuftet die Sonne bis 22 Uhr, doch heute macht sie blau, so elend ist es draußen. Wir würden fluchend das Zelt einpacken, triefnass in die Pedale treten, wäre da nicht die soziale Ader der Amerikaner. Dieses Mal heizen Kristi und Roger ihren Wohnwagen vor und wir frühstücken Pancakes. Regen, der an Scheiben prasselt und nicht ans Außenzelt – heute leben wir wie die Götter! Alle Radtaschen sind schon im Trockenen verstaut, die Räder auf dem Anhänger. Kristi und Roger chauffieren uns über die kanadische Grenze. Mit dabei eine Blechdose, wertvoller als alles Geld der Welt: die Asche von Kristis Sohn. Jonathan rauchte, sniffte und spritzte sich so viele Drogen, dass sein Körper aufgab. „Er wollte nicht leben", sagt Kristi leise. Mit 31 hatte er es geschafft.

„Ein Klassenclown" sei Jonathan gewesen, Ärzte diagnostizierten ADHS und verschrieben Beruhigungsmittel. „Die Schule, Freundschaften, Beziehungen, der Sport, all die Erwartungen überforderten ihn." Jonathan zeichnete, fotografierte und schrieb, „er war sehr sensibel". Auch verstärkte sich das Verlangen nach Männern, Jonathan haderte. Er rutschte ab in Depressionen, kämpfte mit Angstattacken. Die Therapeuten verschrieben immer weiter Medikamente, damit Jonathan funktionierte. „Für ihn muss so der Eindruck entstanden sein, dass man mit Drogen die Dinge wieder geraderücken kann.“ Mit 17 war er abhängig, mit 18 überschlug er sich im Wagen, wurde herausgeschleudert, landete in der Mitte der Fahrbahn – und im Gefängnis: Er war volltrunken gefahren. Es begann ein Teufelskreis aus Drogen, Suizidversuchen, Krankenhausaufenthalten und Therapien. „Meine Ehe ging kaputt, Jonathans kleine Schwester litt, meine Arbeit auch. Meine Freunde wandten sich ab, sie konnten mich nicht verstehen.“ Kristi musste zusehen, wie ihr erwachsener Sohn Ärzte abklapperte, um Betäubungsmittel zu kriegen – „he doctor shopped“. Jonathan fakte erst Rezepte, dann Verletzungen. Fügte sich bald tatsächlich Wunden zu: Nur so kam er an die Schmerzmittel der Ambulanzen. „Irgendwann verkaufte er alles, was man ihm gab. Zuletzt sich selbst auf dem Straßenstrich.“ Das Schlimmste sei gewesen, ihm nicht helfen zu können, „not being able to heal his brokenness inside“. Jonathan, gebrochen. Kristi sagt, sie habe es gespürt, als er „nicht mehr da war“. Sie rief die Polizei, die ihn tot in seiner Wohnung fand. „Ich fuhr hin, weil ich meinen Jungen noch einmal anschauen, ihn halten und küssen musste. Ein letztes Mal.“

Heute sitzen Daniel und ich in ihrem Wohnwagen – und nicht ihr Sohn. Kristi ist Krankenschwester, aber wie soll man helfen und heilen, wenn man selbst zerbricht?

Wie erhält man sich am Leben, wenn das eigene Kind tot ist? Ehemann Roger sah nur einen Weg: Er kaufte einen Wohnwagen, seine Frau musste raus aus ihrer schwarzen Welt. Hinein ins Schöne und Bunte, in die Ruhe, ins Abenteuer. Sie fahren nach Alaska, kreuzten auf ihrer Reise die USA von Ost nach West, stoppten in Arizona, um sich dann auf den Weg nach Norden zu machen. Ein ganzer Sommer bleibt für Kanada und Alaska. Roger lag richtig mit seinem Gespür. Mehr und mehr gewinne sie an Kraft, meint Kristi, an Lebenswillen. Lachend erzählt sie ihre beste Geschichte aus dem Geburtssaal. Ein weißes Ehepaar, die Frau liegt in den Wehen, Stunden später gebärt sie ihr Baby – ein dunkelhäutiges. Kristi vergewissert sich noch heimlich beim Arzt: „Doc, das Kind ist doch schwarz!?" „Oh ja …" Kein Spielverderber findet sich, alle spielen die Show mit – alle lächeln auf dem ersten Familienfoto.

GLACIER NATIONALPARK, MONTANA

USBEKISCHE HOCHZEITEN

Ich stecke plötzlich in rotem Samt und gelbem Glitzer und beäuge mich im Spiegel durch einen Hochzeitsschleier.

Während Daniel die Gemäuer Bucharas bröckelig blitzt, spricht mich Alina an. Die Usbekin studiert Englisch und will sich in der Fremdsprache verbessern. Die 21-Jährige schwärmt von ihrer Hochzeit mit 700 Gästen. Wie in Usbekistan üblich, wurde auch ihre Ehe von den Eltern arrangiert und ausgehandelt. Auch bei Ehekrach beraten die Eltern. Wie wir denn in Deutschland unsere Partner fänden, will Alina wissen und ich erzähle von WG-Partys, Datingportalen und suche nach einer Erklärung für *Speeddating*, die weder albern, noch nach Promiskuität klingt. „Also, zehn Leute, alle fünf Minuten wechselt man den Platz …" Sie schaut mich verwirrt an, lächelt. Plötzlich singt Ed Sheeran, ihr Smartphone klingelt. Der Ehemann will wissen, wo Alina sei, sie habe ihn nicht um Erlaubnis gebeten. Ich hake nach, ob sie das denn nicht einenge, doch Alina lächelt: „No, no. Sweet sign of his love!" Für mich ein Kontrollanruf, für sie ein süßes Zeichen seiner Liebe. Später wird mir ein anderer Englischstudent in ähnlicher Weise die Rollenbilder erklären. Er trage die Verantwortung für das finanzielle Wohl der Familie, seine Gattin bitte ihn stets um Rat und Erlaubnis. „Und wenn du deinen Studiengang wechseln wolltest, würdest du deine Frau auch um Rat fragen?" Er grinst: „Nein, sicher nicht."

Eigentlich müssten wir in Usbekistan alle paar Tage in einem Hotel übernachten, sonst droht Ärger mit der Grenzpolizei. So richtig halten wir uns daran nicht und dürfen später nur dank Hundeblick und eines Grenzpos-

HINTERGRUND USBEKISTAN

aus: „KulturSchock Usbekistan" von Katja Koch

Lernt man einen Usbeken kennen, schließt das schnell das Kennenlernen seiner gesamten Familie mit ein. Sofort wird wild gestikuliert und gerufen und eilig kommen aus allen Richtungen Kinder, Frauen und Männer herbeigelaufen. Mit großem Stolz wird jeder Einzelne vorgestellt und detailliert werden die verwandtschaftlichen Verhältnisse erklärt. Ebenso gründlich wird man selbst nach Familienstand und Kinderzahl gefragt. Sowohl usbekische Männer als auch usbekische Frauen zeigen größte Verwunderung, wenn eine Frau mit Anfang 20 noch nicht verheiratet ist, Kinderlosigkeit wird mit unverhohlenem Mitleid betrachtet. Männer sollten ab 25 unter der Haube sein und mindestens drei Kinder vorweisen können.

Bei usbekischen Hochzeiten gibt die Anzahl der Gäste Auskunft über den Wohlstand einer Familie und ist daher ein wichtiges Kriterium für ein gelungenes Fest. In der Regel werden sie nach Hunderten gezählt.

tens mit Mittagshunger ohne Geldstrafe ausreisen. Vielmehr genießen wir es, unser Zelt auf den Innenhöfen usbekischer Familien aufzustellen. Die erste Scheu verfliegt meist, wenn wir unsere Herkunft verraten. Dann johlen sie begeistert „Modern Talking" und „RB Leipzig". Schnell werden Teppich und Kissen für das Abendbrot unterm Sternenhimmel ausgerollt und wir Nutznießer der Subsistenzwirtschaft. Suppe, Fladenbrot, Salat, Ayran und die himbeerähnlichen Früchte des Maulbeerbaumes – ein 5-Sterne-Dinner nach einem Arbeitstag auf dem Rad. Einmal ziehen uns Mutter und Schwiegertochter ins Haus hinein und schwups … verwandelt sich Daniel in einen Usbeken mit *Chapan* und *Tubeteika*, Traditionsmantel und -hut. Ich stecke plötzlich in rotem Samt und gelbem Glitzer und beäuge mich im Spiegel durch einen Hochzeitsschleier. Auf der Stelle wollen die Frauen uns verheiraten – hoffentlich nicht mit 700 Gästen!

BUCHARA, USBEKISTAN

Ausgelassene Stimmung auf dem jährlichen Silk and Spices Festival

DER REGISTANPLATZ IST EIGENTLICH BIS LANGE NACH SONNENAUFGANG GESPERRT – ZUM FOTOGRAFIEREN VIEL ZU SPÄT. FÜR EIN PAAR HARTE, AUF DEM SCHWARZMARKT BEGEHRTE DOLLAR ÖFFNET MIR DER PFÖRTNER DEN HINTEREINGANG SCHON VORHER

Samarkand, Usbekistan

Hisense
@RODERIC
CARTE

KRISENGEPLAGT

José verkauft Autos, seit Längerem aber nur schleppend. Deswegen sattelt er jetzt um auf nackte Haut: „Ich eröffne bald zwei Dessousläden und einen Pornoshop, das geht immer."

Spaghetti Bolognese wünscht sich Daniel, als wir nach Wochen in den Anden die argentinische Stadt Salta erreichen. Beim Fleischer ziehe ich eine Nummer wie auf dem Bürgeramt und setze mich auf einen der Wartestühle inmitten des Supermarktes. Denn der Gang zum Metzger, dem wichtigsten Verkäufer des Landes, ist in Argentinien kein bloßer Einkaufsakt, sondern eine hingebungsvolle Prozedur, die Vorbereitung zum wichtigsten Mahl der Woche: dem *asado* – Rindersteaks auf dem Holzkohlegrill. Wegen meiner vielen dummen Fragen zum Hackfleisch entschuldige ich mich beim Verkäufer, ich sei Vegetarierin. „Ich auch", erwidert Nicolás. Jetzt zweifle ich an meinem Spanisch. Der Fleischer selbst ein Vegetarier – wie konnte das passieren? Nicolás erzählt die Geschichte vieler junger Argentinier. Als Informatiker fand er keine Arbeit, habe jeden Job genommen, der ihm geboten wurde. Heute ist er also Fleischer.

„Man muss flexibel bleiben", nickt Zimmervermieter José. Die Wirtschaftskrisen forderten permanente Anpassung, kein Beruf sei sicher. José verkauft Autos, seit Längerem aber nur schleppend. Deswegen sattelt er jetzt um auf nackte Haut: „Ich eröffne bald zwei Dessousläden und einen Pornoshop, das geht immer. Wichtig ist, dass wir das Zeug auch online anbieten, hier im katholischen Argentinien traut sich nicht jeder persönlich in den Laden."

Weshalb Argentinien von Krise zu Krise strauchelt? „¡Porque los politicos nos roban todos!" Die Politiker bestehlen uns alle! Alle seien sie korrupt. Was José dann von der Wahlpflicht halte? „Wenn es die nicht gäbe, würde keiner mehr wählen gehen."

Systemkonform wollen wir am nächsten Tag die Busfahrer bestechen, um mit den Rädern ins weit entfernte Mendoza zu gelangen. Schon am Eingang zum Bahnhof wetzt uns ein pummeliger Zwerg entgegen, in zerfledderten Jeans und mit schwarzen Fingernägeln. Pepe meint – augenzwinkernd – die Räder müssten per Post versandt werden, zufällig arbeite er dort. Aber er könne sie in Kartons packen und die Busfahrer zur Mitnahme überreden. Wir wittern einen Trick, kaufen die Tickets und wollen die Steuermänner lieber selbst bestechen. Doch in diesem Land, in dem Polizisten, Ärzte, Politiker und selbst Professoren so selbstverständlich geschmiert werden, wie die Jungfrau Maria heißt, erweisen sich die Busfahrer als Ehrenmänner. Nein, Räder seien im Gepäckraum verboten, da nütze auch keine *propina*, kein Trinkgeld. Der Bus fährt ohne uns. Niedergeschmettert entschuldigen wir uns bei Pepe für unser Misstrauen, der ohne zu zögern unsere Räder verpackt und den Transport klärt. Was haben wir den Mann unterschätzt! Aus Scham verdoppeln wir seinen Lohn. Noch während wir auf die Abfahrt warten, spricht uns eine elegant gekleidete Frau an und versucht, uns mühsam in ein Gespräch zu verwickeln. Ein Jugendlicher streunt währenddessen um die Räder. Die übliche Diebesmasche – eine lenkt ab, der andere stiehlt. Während ich auf die Unterhaltung eingehe, konzentriert sich Daniel auf den Komplizen. Als sich die Frau verabschiedet, ist auch der Junge verschwunden. Man halte also fest: Einem Postboten in zerschlissener Kleidung kann man trauen, durchgestylten Damen nicht. Polizisten besticht man, Busfahrer nicht. Verstehe einer die Spielregeln dieses Landes!

Daniel sollte es besser wissen: Als Student lernte und half er in einem Krankenhaus in Mendoza. Das Elendshaus steht noch immer, verändert hat sich wenig. Schon damals bröckelte der Putz, pfiff der Wind durch die Fenster, waren die Zimmer überfüllt. Junge Kerle mit gebrochenen Beinen, die sich keine Operation leisten können und auf der Streckbank liegen – einen Nagel durch die Ferse, daran ein Ziegelstein, so werden die Frakturen der Armen gerichtet. Morgens gibt es Tee mit trockenem Brot, mittags auch und abends sowieso. Fast täglich werden Opfer der Bandenkriege eingeliefert, manchmal von Angehörigen in der Schubkarre angeschleppt, mit literweise Blut ausgekippt, aufs Übelste zugerichtet und in diesem Krankenhaus so gut wie tot. Es mangelt an Medikamenten, Papier, Kugelschreibern. Die Ärzte rackern morgens im öffentlichen Krankenhaus und nachmittags in einem der privaten, um überhaupt Geld zu verdienen.

Doch die maroden Krankenhäuser sind nur ein Symptom der Wirtschaftsmisere. Argentinien zählte zu den reichsten Ländern der Welt und exportierte während der Weltkriege Wolle und Fleisch ins zerstörte Europa. Fallende Weltmarktpreise, Misswirtschaft, Korruption und Sparmaßnahmen in allen sozialen Bereichen trieben das Land 2001 in die „Tango-Krise". Banken wurden geschlossen, bis die Ersparnisse der Kunden kaum mehr Wert besaßen. Bis heute versickern Hilfsgelder in löchrigen Hosentaschen der Staatsbediensteten, fehlt ausländischen Investoren das Vertrauen, schlingert das Land von einer Krise in die nächste. Überall trübe Gesichter, kaum eine

Spur Leichtigkeit. Der Peso verlor 2018 die Hälfte seines Wertes, Kleidung, Elektronik, Lebensmittel, alle Importprodukte verteuerten sich über Nacht. Die Preise für Strom und Gas stiegen um das Fünffache. Kleiner Mann – was nun?

So wenig wie den Politikern und Richtern vertrauen die Argentinier ihrem Geld. Dollarscheine werden unter dem Kopfkissen versteckt oder der Verdienst hastig für Autos, Kühlschränke und Smartphones ausgegeben, ehe er wertlos ist. Und das System ist umständlich: Viele bezahlen noch immer Miete, Strom- und Telefonrechnung in bar, einen halben Tag Arbeitszeit raubt das Schlangestehen. Dazu lähmt die tägliche *siesta* Arbeiter wie Wirtschaft. Zwischen zwei und sechs haben Apotheken, Geschäfte und Banken geschlossen, die Welt steht still. Nichts geht, alles schläft.

Tranquilo, besänftigen mich die Argentinier. Regelmäßig komme ich beim Einkauf an die Grenzen meiner psychischen Belastbarkeit. In einer Pizzeria sollen sie zu sechst backen und servieren, aber: Eine kämmt sich die Haare, die Kollegin trinkt Kaffee, die nächste Mate, der andere flirtet, der Rest *whatsappt. Tranquilo,* irgendwann wird die Pizza schon serviert. Einmal explodiere ich im Supermarkt, eine halbe Stunde an einer kaputten Kasse ausharrend. „Señora, ich verliere Lebenszeit!“ Die Señora lacht nur.

In der *Peatonal Sarmiento* – der Fußgängerzone – Mendozas schmettert ein Straßenmusiker Folklore. Plötzlich stimmt ein Passant mit ein und gibt sich völlig hin, ohne

MENDOZA, ARGENTINIEN

Straßenmusikant und Passant schmettern Folklore

SALTA, ARGENTINIEN

Muttertag bei José

Scham und Scheu. Auch das ist Argentinien. Keinem zwickt ein Stock im Hintern. Alle lachen, als wir *den* Tanzklassiker Deutschlands vorführen: den „Thekensteher".

Es ist Muttertag, doch Josés Töchter umarmen heute keine *mamá*. Die Mutter starb, als die Teenager noch Kinder waren. Die Familie feiert trotzdem, Fernet Branca mit Cola und Eiswürfeln macht die Runde, dazu fettes Fleisch, Weißbrot und Mayonnaise. Die Rotweinkartons sind schon lange leer, der Raum ist erfüllt von beschwipstem Kichern und Melancholie. Der richtige Pegel ist erreicht, José nimmt die Gitarre und besingt die Liebe. Tränen werden weggeblinzelt, weggewischt, vergessen schon im ersten Takt des nächsten Liedes – ein fröhliches. Josés Brüder stimmen laut mit ein. Bald klatschen und singen alle. Die Nachbarin tritt ohne Klingeln und Klopfen durch die Tür und begrüßt tanzend und umarmend jeden einzelnen Gast. Doch Zeit zum Durchatmen lässt José nicht. Er beginnt sachte, singt nun über den Tod seiner Frau. Sekunden vorher noch lachend, trauert die Familie nun. Töchter und Brüder, Tanten und Onkel, Freunde, selbst die Nachbarn – niemand unterdrückt die Tränen. Auch mich nimmt die Atmosphäre völlig ein. Wir schluchzen noch im Jubeln und trauern noch beim Tanzen.

MAMMUT

DEAN

Dean will es seinem Geist nicht gemütlich,
es sich selbst nicht bequem machen.
Sein Glücksrezept.

Als hätte Rose Ausländer über ihn gedichtet: „Sein Schritt war leicht beschwingt und sein Gesicht belebt von einem starken Innenlicht." Dean, der Lebenskünstler. Im Arbeitshemd und mit leuchtenden Augen kommt er auf uns zu: „Where are you from? I love foreigners!" Wo kommt ihr her? Ich liebe Ausländer! Dean, pensionierter Schuldirektor, genießt Jahr für Jahr den Frühling und Herbst hier im Glacier Nationalpark an der kanadischen Grenze – „mein Lieblingsort". Die Ranger kennen ihn und übersehen gerne, wenn Dean sich an die Arbeit macht und seiner im Park verbotenen Leidenschaft nachgeht – der Landschaftspflege. Im Wagen hat er alles dabei: verschiedene Gartenscheren, Sägen und Spaten, mit denen er Wanderwege trimmt und Aussichtspunkte freikappt. Der Hobbygärtner lädt uns mehrfach zum Essen ein, im Gegenzug giert er nach Geschichten, will durch die Gedankenwelten anderer reisen. „Welche Unterschiede gibt es zwischen Ost- und Westdeutschland? Wie war das Radfahren in Pakistan? Wie funktioniert das deutsche Schulsystem?" Dean, ein wandelndes Fragezeichen. Wir sind erstaunt, wie viele Fremde er „interviewt", immer auf der Suche nach Antworten auf immer neue Fragen. Jede neue Erkenntnis ein geborgener Schatz. Er entlockt selbst den Grimmigen und Verschlossenen ein Gespräch. Dean will es seinem Geist nicht gemütlich, es sich selbst nicht bequem machen. Sein Glücksrezept.

Er gehört zu den Wenigen mit einer großen Gabe: Wer sich mit ihm umgibt, fühlt sich besser, wohler. Seine Begeisterung und Freude stecken an. Er schenkt uns, dem

Kellner, dem Bärenjäger, der Putzfrau, jedem Interesse und echte Wertschätzung.

GRINNEL MOUNTAIN IM LETZTEN LICHT
SWIFTCURRENT LAKE, MONTANA

KARIMAS WELT

Eine Schäferfamilie winkt uns heran, ob wir bei ihnen übernachten wollten? Klar, schließlich observiert uns die Polizei.

Mit der Fähre setzen wir nach Marokko über – und fühlen uns, es klingt verrückt, sofort heimelig. Junge und Alte winken uns zu, rufen „Bienvenue!"; „Salam alaikum!", überall ein Daumen hoch. Autos hupen uns willkommen und die Abgase vernebeln die Sinne. Es ist fast so, als kämen wir nach zwei Jahren wieder an in Iran, zurückgebeamt an den Beginn der Reise. Ein Autowäscher spendiert Trinkwasser und fragt nach unserer Herkunft. „Allemagne? Angela Merkel! Sie ist stärker als vier Männer zusammen!"

Ab jetzt hilft etwas Französisch, neben Arabisch die zweite Amtssprache des Landes. Schnell wird das Halszum Kopftuch umfunktioniert und lange, luftige Kleidung gekauft. Das ist im sunnitisch-muslimischen Marokko zwar keine Pflicht, aber besonders auf dem Land angebracht. Mohammed VI. gilt als „König der Armen", er investierte in Ausbildung und neue Jobs, stellte Mann und Frau in der Verfassung gleich. Allerdings liegt Marokko noch immer auf Platz 123 im *Human Development Index* der UN, rangiert damit mit Blick auf Bildung, Lebenserwartung und Einkommen zwischen Bolivien und Indien. Welten entfernt vom fünften Platz – vom deutschen Wohlstand.

In der „Blauen Stadt" Chefchaouen kommen wir mit dem 17-jährigen Badis ins Gespräch. Er will Mathe und Physik studieren. Ob er täglich in die Moschee gehe? „Nein, ich lese viel Philosophie und bin mir nicht mehr sicher, ob ich überhaupt an Gott glaube." Badis' Eltern besuchten nie eine Schule, erwirtschaften in einem zugigen

Imbiss das bisschen Geld fürs Überleben. Ein Auto haben sie nicht, auch kein Motorrad oder Fahrrad. Ihre vier Kinder drängen sie, zu studieren. Aber das sei in Marokko nicht viel wert, meint Badis nüchtern: „Hier studiert man nicht für einen Job“, sondern „nur aus Interesse“. Ein Studium bedeute noch lange keine Anstellung, schon gar nicht im Fachgebiet. Der Bruder, eigentlich Physiker, arbeitet als Hotelpage in Marrakesch. Die Schwester lernt Soziologie, „wird aber wahrscheinlich einfach heiraten und zu Hause sein“. Seinen Eltern verschweigt er den Wunsch, mittels Schleppern und Schlauchboot nach Europa zu gelangen. „Sie würden niemals wollen, dass ich mein Leben riskiere.“ Wie er seine Zukunft sehe, fragen

BENI BOUAYACH, MAROKKO

Freunde werden angerufen, Nüsschen geknabbert, Autotüren geknallt. Die Polizei schiebt Nachtwache am Zelt.

wir den Siebzehnjährigen, und Badis Antwort spricht Bände: „Maybe nothing."

Wir fahren weiter Richtung Fès, verfolgt von Plagegeistern. „Pour votre sécurité" heftet sich die Polizei an uns. Tagelang tuckern Hilfssheriffs in ihren Blechkisten hinter uns her, warten geduldig, bis wir zu Mittag gegessen und ausgedehnte Kaffeepausen beendet haben. Hastig schlagen wir uns abends ins Gebüsch, um die Verfolger abzuwimmeln und in Ruhe zu kampieren. Häufig erfolglos. Dennoch weigern wir uns, den Polizisten in ein Hotel zu folgen. Mehrfach bleibt der Staatsgewalt nichts anderes übrig, als Nachtwache am Zelt zu schieben.

Eine Schäferfamilie winkt uns heran, ob wir bei ihnen übernachten wollten? Klar, schließlich observiert uns die Polizei. Schwiegertochter Hasma ruft mich in das Gehöft mit Ziegenstall nebst Schlafzimmer, zeigt mir eifrig den Brotofen, Hochzeitsfotos, dann die Küche und den Kühlschrank. Daniel darf ihr weder die Hand reichen, noch sie fotografieren. „Islam", zischt die 22-Jährige. Und fordert mich auf, mein Kopftuch richtig aufzusetzen. „Seid ihr denn in Deutschland keine Muslime?", will Schwager Chafer wissen und die ganze Familie schaut verdutzt, als wir verneinen. Chafer hält es nicht allzu streng mit dem Koran. Er fragt verschmitzt, ob wir auch kiffen und Alkohol trinken würden. „Aber du bist doch gläubiger Muslim?" Er zwinkert: „Allah ist gut, aber Whiskey ist auch gut." Alkohol ist in Marokko verboten, doch gäbe es Bars und Supermärkte für Touristen, in denen sich auch die Einheimischen versorgten. Chafer schlägt sich mit Gelegenheitsjobs durch, studiert nicht, weil er das Geld für die Mutter mitverdienen muss. Der Vater starb an Krebs, Witwenrente gibt es keine.

Wir erreichen die Altstadt von Fés, Weltkulturerbe und Gewirr aus hunderten Sackgassen und Treppen. Händler transportieren Waren auf Eseln, bieten Gewürze und Teppiche feil, frittierte Süßigkeiten, Hammelfleisch und Kamelköpfe. Der Duft von Haschisch und gebrannten Mandeln liegt in der Luft. „Wow, it's like a fairytale!", „Wie im Märchen!", staunt ein amerikanischer Tourist. Doch nur wenige Meter abseits der Vorzeigegassen kriecht bleierner Verwesungsgeruch in jede Pore. Junge Männer stehen bis zur Hüfte in Gerbereibottichen, walken Ziegenfelle in Taubenkot und Rinderurin wie vor 800 Jahren. Leprakranke betteln um Almosen, Alte bieten stumm im Staub sitzend ein paar Kräuter und Erbsen an, Obdachlose wühlen im Müll. Der Regen verwandelt die Gassen in Schlammlöcher und spült allen Unrat in den nächsten Fluss.

Mittendrin im Gewimmel lernen wir Driss kennen: dreißig und stolzer Cafébesitzer. Seine Schwester schaut vorbei, wild geschminkt, mit Goldschmuck behangen, die Haare eine braune Mähne mit blonden Strähnen. „Wir sind Muslime im Herzen und nicht dadurch, dass wir Kopftuch oder lange Bärte tragen." Sie lacht laut, feixt und ich muss an die biedere Hasma denken, die nur eine Tagesetappe entfernt auf dem Land lebt.

Driss erzählt von seiner Ehefrau, 24, Laborantin im Krankenhaus. Kinder möchten sie höchstens zwei. „Für

DIE GERBEREIEN SIND BELIEBTE FOTOMOTIVE. AN TOURISTEN WIRD FRISCHE MINZE VERTEILT, OHNE DIE DER VERWESUNGSGERUCH KAUM ZU ERTRAGEN IST

Fès, Marokko

mich war es wichtig, dass meine Verlobte noch Jungfrau war.“ Warum? Er tut sich schwer, es zu beschreiben. „Ich wollte immer eine ehrliche, ruhige Frau.“ 50, 60 Prozent der Verlobten seien heute aber erfahren im Bett, flüstert Driss.

Kaffeetrinken wird unser liebster Zeitvertreib, besser kann man sich kaum integrieren. Das Café ist zentraler Treffpunkt der (vorwiegend männlichen) Einheimischen. Man schlürft süßen Minztee, Käffchen *au lait*, es wird um Geld gespielt, geschwiegen, Fußball geschaut und gemeinsam einsam auf dem Smartphone gedaddelt. „Warum gibt's hier keine Frauen?“, frage ich einen Gast. „Islam“, lächelt er. „Der Koran verbietet Frauen Cafébesuche?“ Nein, nein, das sei halt so Tradition. „Ich würde mich niemals in ein Café trauen“, erzählt mir später die 18-jährige Manal. „Das wäre eine Schande. Meine Nachbarin kellnert in einem um die Ecke, weil sie das Geld dringend braucht. Kein Mann will sie deshalb mehr heiraten.“

Unterwegs im Atlasgebirge ruft uns erneut ein Schäfer herbei, wir kommen gerade pünktlich zum Höhepunkt des Jahres: der Schafschur. Barfuß und singend luchst ein Dutzend Männer mit stumpfen Scheren 150 gefesselten Tieren die Wolle ab. Die Frauen versammeln sich derweil im Haus mit gestampften Lehmböden und winzigen Fenstern. Gekocht wird über offenem Feuer, es gibt Couscous eingeweicht in Milch mit zerlassener Butter. Einer der Männer spricht Französisch: Im Schnitt habe jede Frau im Dorf sechs, sieben Kinder, denn Rente gäbe es keine. Ich frage ihn nach all den Sozialprogrammen, die der König angestoßen habe. „Die existieren nur auf dem Papier. En réalité: rien!“ In Wahrheit: nichts. Die Krankenhäuser seien zwar gebaut, aber nur *décor*, es fehle an Geräten, an Medizin, an Ärzten. Wer eine OP brauche, würde Familie, Nachbarn und die Moscheegemeinde um Spenden bitten. „Aber wo ist das Geld aus den Sozialtöpfen?“ „Wir haben viele korrupte Diebe im Land. Wer überleben will, muss arbeiten. Wer besser leben will, muss stehlen.“ Marokko liegt auf Platz 73 von 180 Ländern im Korruptionsindex von *Transparency International*, zwischen Senegal und Burkina Faso.

Gewitterwolken und starke Winde künden von schlechtem Wetter. Die Temperaturen dümpeln im unteren einstelligen Bereich, nachts fällt Schnee und tagsüber eisiger Regen. Einmal mehr erzeugt das Rad Mitleid. Kellner Lahsne sieht uns zittern und lädt uns ein, die Nacht bei seiner Familie zu verbringen. Tochter Manal empfängt uns mit einem Festmahl und als Lahsne zurück zur Arbeit hetzt, beginnt sie zu erzählen. Noch nie habe die 18-Jährige geküsst. Der Vater erlaube ihr nicht einmal, mit einem Jungen allein zur Schule zu gehen. Am Ortsrand gäbe es ein Wäldchen, wo sich die Liebespaare heimlich träfen. Einmal sei ihre Freundin aufgeflogen und wurde vom Vater mit Prügel bestraft. Die Jungen aber könnten machen, was sie wollten. „I hate the society“, flüstert Manal. Sie hasse diese Gesellschaft.

Weiterhin bleibt das Wetter übellaunig, wir flüchten aus den Bergen und wollen in Sefrou überwintern. In der verwinkelten Medina klappert Karima mit uns ein geschlos-

MARKT IN DER „BLAUEN STADT“
CHEFCHAOUEN, MAROKKO

GESCHWISTERPAAR | AÏT HANI, MAROKKO

STUDENTEN IN CHEFCHAOUEN | RIFGEBIRGE, MAROKKO

senes Hotel nach dem anderen ab, bis wir endlich fündig werden. Rezeptionist und Besitzer büßten jedoch gerade im Gefängnis, der eine vier, der andere 24 Monate – weil sie Pärchen ohne Eheurkunde einchecken ließen. In Marokko verboten, „um der Prostitution keinen Raum zu geben." Nur bei Touristen gelten Ausnahmen. Mit Baby auf dem Arm kümmert sich die Frau des Besitzers um das Hotel. Es riecht nach Klo, der Ehemann ist weggesperrt und für einen Klempner fehlt das Geld.

Karima, die uns herbrachte, bleibt auf einen Tee. Die 38-Jährige hat islamisches Recht, die Scharia, studiert. Homosexualität lehnt sie ab: „It's natural but it's unnatural." Gott habe Schwule und Lesben nicht gewollt – und dennoch gäbe es viele, vor allem in den großen Städten. Sie achtet darauf, dass ihr Sohn fern von den Mädchen spielt, denn das „Frauliche" solle nicht auf ihn abfärben. Allerdings muss der Junge im Haushalt helfen: „Ich habe als Kind alle Hausarbeiten übernommen, während mein Bruder seine freie Zeit genoss. Meinen Sohn will ich anders erziehen: Er soll nicht so werden wie die meisten Männer Marokkos."

Karima ist für uns ein Glücksfall, denn sie spricht Englisch und Französisch, scheut weder Fragen noch Antworten. „Findest du es nicht ungerecht, dass muslimische Frauen vor der Ehe keinen Sex haben dürfen, Männer dagegen schon?" „Nein, nein", winkt sie ab. Männer nähmen sich von Natur aus, was sie wollten, seien egoistisch, Frauen dagegen sensibel. „Der Koran beschützt die Frau."

Dennoch verabscheut sie die Abhängigkeit der Frauen hierzulande: „Wenn eine Marokkanerin in der Ehe leidet,

HINTERGRUND MAROKKO

aus: „KulturSchock Marokko" von Muriel Brunswig

In Marokko wurde als erstem islamischem Land die vollkommene Gleichberechtigung der Frau im Gesetz verankert. War es bis dahin den Männern erlaubt, ihre Gattinen zu verstoßen oder gegen ihren Willen eine zweite, dritte und vierte Frau zu ehelichen, ist dies nun nahezu unmöglich. Doch natürlich reicht ein Gesetz allein nicht aus, tief verwurzelte Strukturen und Denkweisen zu ändern, die in Marokko traditionell patriarchalisch-chauvinistisch geprägt sind.

Die meisten marokkanischen Frauen sind so in ihrer Tradition verwurzelt, dass sie häufig gar nicht merken, wie diese Tradition ihnen Freiheiten vorenthält, die sich keine Europäerin nehmen lassen würde. Nur langsam, und vor allem in der städtischen, intellektuellen Oberschicht, bildet sich unter den Frauen das Bewusstsein aus, dass sie nun weit mehr Rechte haben als bisher.

Auch wenn Frauen nach dem neuen Gesetz nun gleichberechtigt sind, so gibt es doch einige Punkte, in denen die Tradition sie nach wie vor benachteiligt. Dazu gehört der Wert, der der Jungfräulichkeit der Frau beigemessen wird. In keinem Gesetz ist es vorgeschrieben, dass eine Frau als Jungfrau in die Ehe gehen muss, und doch ist dies eines der bedeutendsten (wenn auch ungeschriebenen) Gesetze Marokkos, das dazu führt, dass Frauen weniger Rechte haben als Männer.

–

Offiziell ist Korruption (arab. rashwa) natürlich verboten. Und doch ist sie in Marokko an der Tagesordnung. Alles ist möglich in diesem Land, es hat nur seinen Preis!

Das Problem liegt nicht in der Profitsucht der Marokkaner. Die Ursache der Korruption liegt wesentlich tiefer, nämlich bei den desolaten wirtschaftlichen Verhältnissen vieler Einheimischer. Das Land an sich ist nicht arm. Doch so lange ein winzig geringer Anteil der Marokkaner den Großteil des Landes und damit auch des Geldes besitzt, ist der Armut und somit auch der Korruption nicht wirklich beizukommen.

schweigt sie. Andernfalls verliert sie den Mann als Geldgeber und ihre Anerkennung. Lässt sich der Mann scheiden, wird häufig der Frau die Schuld zugeschoben.“ Sie lande dann meist auf der Straße oder in einem der sozial geächteten Frauenhäuser. Karima sorgt sich um ihr 14-jähriges, körperlich behindertes Mädchen. „Kein Mann wird meine Tochter je heiraten wollen. Und in Marokko finden noch nicht einmal gesunde Frauen Arbeit.“ Doch Karima ist findig, flüstert mir ihr Geheimnis: Sie backt für Hochzeiten, erzählt ihrem Mann aber nichts vom Verdienst. „Er würde mir sonst das Haushaltsgeld streichen.“ Klammheimlich legt sie das Geld zurück, „nur für meine Töchter. Mein Sohn hat ganz andere Chancen in dieser Gesellschaft.“

Marokko fordert, fesselt, packt und ergreift. Wir bleiben länger als geplant. Halten öfter unterwegs inne und kapseln uns in Hotels ab, auch um die Wucht zu verdauen, mit der Chauvinismus, Armut und Perspektivlosigkeit immer wieder auf uns prallen. Gleichzeitig erinnern uns die vielen herzlichen Einladungen und Willkommensgrüße noch einmal eindrücklich daran, sich zu Hause nicht hinter einem Montagmorgengesicht zu verschanzen und sich täglich vor Augen zu halten, wie gut es uns geht.

Mit der Fähre setzen wir nach Spanien über: in einer privaten Kabine, mit Dusche und sauberem Bett. Die Passage des Mittelmeers – für uns ein Katzensprung, für andere ein Wagnis, für viele die letzten Meter ihres Lebens. In Barcelona kontrolliert niemand unsere Pässe. Wir und die Räder sehen zwar mitgenommen, aber europäisch aus.

Galten wir in Marokko noch als reiche Deutsche, gehören wir nun wieder den Landstreichern und Streunenden an. Denn inzwischen sind die Schuhe löchrig, die Hosen abgetragen, der Muff feuchter Zeltnächte klebt an uns und der Ausrüstung. Auf den ersten Blick sind wir schon längst nicht mehr Arzt und angehende Lehrerin. Kein Spanier spricht uns an, dafür Algerier und Libanesen, ein Mauretanier lädt zu sich nach Hause ein. Wir schämen uns in Szenecafés, wirken deplatziert in jenem Milieu, in dem wir uns zu Hause so selbstverständlich bewegten.

Ankunft in Frankreich, die erste Bäckerin sitzt gebannt vor der Flimmerkiste, Präsident Macron hält seine Rede an die Nation. Der sei aber nur für die Reichen da, sie wähle Marine Le Pen, denn es lebten zu viele Muslime im Land, wenn auch nicht in ihrem Dorf. „Würde sich denn Ihr Leben verbessern, wenn es weniger Muslime gäbe?" „Ja doch, meine Kinder würden in einem Land ohne verschleierte Frauen aufwachsen", antwortet sie und schenkt uns eine ganze Tüte Gebäck.

„Großzügigkeit ist an keiner Ideologie festzumachen, an keinem sozialen Status, keiner Religion", schreibt Reisereporter Andreas Altmann. Ob Junge, Alte, Hipster, Spießer, Dicke, Dünne, Schwarze, Weiße, Gläubige oder Atheisten – „Generosität ist eine geheimnisvolle Eigenschaft, sie folgt keiner Regel, kein äußeres Anzeichen eines Menschen lässt auf sie schließen, kein Vorurteil hat mir je recht gegeben. Auch unter Hippies und Punks tummeln sich Geizkrägen, auch unter feinen Pinkeln und Lackaffen verkehren Gemüter, die mit Leichtigkeit loslassen." Nie zuvor waren wir so hilfsbedürftig wie auf dieser Reise, so abhängig vom guten Willen der Fremden. Essen, Zeltplatz, Wasser – nicht einmal die Grundbedürfnisse hätten wir ohne Mitfühlende stillen können. Auch sind wir all jenen dankbar, die uns einen Einblick in ihre Lebenswelt geschenkt, mit ihren Geschichten und Ansichten zum Denken und Umdenken, Lachen, Weinen, Kopfschütteln und Staunen gebracht haben.

Natürlich tummeln sie sich überall, die Verrückten, Geizigen, die Nörgler und Giftzwerge. Doch mit einem neuen Urvertrauen kehren wir zurück: Wo Männer, Frauen und Kinder sind, gibt es immer jemanden, der hilft.

KARIMA

Sefrou, Marokko

AMADEU ANTONIO STIFTUNG

Mit diesem Buch unterstützen Claudia und Daniel die Amadeu Antonio Stiftung, die sich für die Stärkung einer demokratischen Zivilgesellschaft einsetzt und sich gegen Rechtsextremismus, Rassismus und Antisemitismus wendet. Der Namensgeber der Stiftung, Amadeu Antonio, wurde 1990 von rechtsextremen Jugendlichen in Brandenburg zu Tode geprügelt, weil er schwarz war. Er ist eines der mindestens 192 Todesopfern rechtsextremer Gewalt seit dem Fall der Mauer.

Über 1.200 Projekte deutschlandweit hat die Stiftung seit ihrer Gründung 1998 unterstützt, seien es lokale Opferberatungsstellen, Demokratieprojekte an Schulen oder interkulturelle Workshops. Auch leistet sie Hilfestellung für Aussteiger*innen aus der Naziszene.

Seit 2004 bietet der Opferfonds CURA der Amadeu Antonio Stiftung Hilfe für Betroffene rechtsextremer Übergriffe. In über hundert Fällen wurde Geschädigten bei Arzt- und Anwaltskosten, Sachschäden oder Umzügen geholfen und ehrenamtliche Opferberatungsstellen gefördert.

Darüber hinaus betreibt die Stiftung mit Broschüren und Analysen Aufklärung in den Bereichen Rechtsextremismus, Rassismus, Antisemitismus, Kinder- und Menschenrechte, aber auch im Rahmen der Flüchtlings- sowie Genderdebatten.

INFORMIEREN:

www.amadeu-antonio-stiftung.de

SPENDEN:

Amadeu Antonio Stiftung
GLS Bank Bochum
IBAN: DE32 4306 0967 6005 0000 00
BIC: GENODEM1GLS

ANHANG

TATONKA

ZUR ROUTENPLANUNG, VORBEREITUNG UND FINANZIERUNG DER REISE

Die Reste der Wiedersehens-Party nach unserer ersten langen Reise sind kaum zusammengefegt, da planen wir bereits die nächste Tour. Damit sich der damit verbundene bürokratische Aufwand, inklusive Arbeits- und Wohnungskündigung, auch lohnt, möchten wir dieses Mal zwei Jahre unterwegs sein. Wir tragen zusammen, welche Länder und Gebiete wir unbedingt noch auf dem Rad erleben wollen: Zentralasien, die Nationalparks im Westen der USA, Patagonien, mein Herz schlägt Purzelbaum. Dann recherchieren wir die jeweils besten Reisezeiten. Wer will schon festsitzen im verschneiten Pamir oder dahinsiechen in der Hitze Kaliforniens? Zudem gilt in den meisten Ländern Zentralasiens Visumspflicht, wobei die Beantragung der Einreisegenehmigungen von Deutschland aus wesentlich einfacher ist. Damit steht der Start der Reise in Vorderasien fest. Schritt für Schritt entsteht ein Plan: Iran, Zentralasien, China, überwintern in Südostasien, dann in die USA, Kanada, schließlich nach Südamerika fliegen und hinunter nach Feuerland radeln.

Mit dem Entschluss zur Reise beginnt die intensive, mehrjährige Vorbereitungsphase. Wir essen Reiseführer zum Frühstück und verschlingen Forenbeiträge zum Abendbrot, verbringen Stunden im Outdoor-Geschäft und fachsimpeln mit den Verkäufern. Daniel nutzt die freien Nachmittage zwischen seinen Nachtdiensten für Crashkurse im Radladen um die Ecke. Zudem besuchen wir gezielt Reisevorträge und stürzen uns mit Fragen auf die Referenten. Zur Vorbereitung gehört leider auch, jeden möglichen Cent für die Reise zurückzulegen. Ein recht gutes Gespür für die Kosten entwickelten wir während der ersten Langzeitreise 2013/14 und peilen Ausgaben im Wert von einem neuen Mittelklassewagen an. Daniel verkneift sich die Dreiviertel-Stelle und arbeitet weiter Vollzeit. Ich arbeite auch an Wochenenden und springe für jeden kranken Kollegen ein. Wir verzichten auf exotische Urlaube, kaufen nur unbedingt notwendige Kleidung, essen kaum noch auswärts. Da wir kein eigenes Auto besitzen, sparen wir auch hier beträchtliche Summen. Zudem verkaufen wir allerhand Angesammeltes, das wir nicht mehr brauchen. Unsere Familien beschweren sich über die immer gleichen Wünsche zu Geburtstag und Weihnachten: Gutscheine, Geld, Gutscheine, Geld.

Immer näher rückt das Abreisedatum und wir werden zu Marathonis in einem Bürokratie-Dauerlauf. Wohnung, Job, Handy- und Internetverträge kündigen wir, beantragen Nachsendeaufträge, Zweitpässe und mehrere Visakarten, außerdem schließen wir Reiseversicherungen ab. Unseren Eltern erteilen wir General- und Kontovollmachten, kopieren für sie unsere Reisedokumente und Impfausweise und fertigen Telefonlisten mit den wichtigsten Kontaktdaten (Studium, Arbeit, Versicherungen, ehemalige Hausverwaltung, Bank, Visaagentur) an. Übersichtlich notieren wir Kontodaten und Passwörter, sortieren sämtliche Aktenordner und briefen unsere Eltern. Schließlich müssen sie nahezu alle Anfragen der Behörden für uns klären. Wie wichtig und unerlässlich diese *homebase* ist, erfuhren wir bereits während der ersten Langzeitreise. Wer soll sonst Behördenbriefe beantworten? 2013 erleichterten uns chilenische Langfinger um beide Kreditkarten, ein anderes Mal mussten wir einen Wasserschaden in der untervermieteten Wohnung beheben – ohne die Hilfe unserer Eltern hätten wir abbrechen müssen. Ihnen übergeben wir auch unsere Patientenverfügungen, im Ernstfall ein Anker für sie und die Ärzte. Apropos Ärzte – eine frühzeitige Impfberatung durch einen Tropenmediziner ist unabdingbar, das bedeutet in unserem Fall: ein Jahr vor Reisebeginn, um alle nötigen Impfzyklen absolvieren zu können. Auch muss immer mit Lieferengpässen von Impfstoffen gerechnet werden, wie uns tatsächlich geschehen.

Nicht nur das Thema Reisemedizin bedarf einer professionellen Beratung, auch Flugbuchungen gestalten sich häufig kompliziert aufgrund der von Airline zu Airline sehr unterschiedlichen Regularien und Preise bezüglich des Radtransports. Hier erweist sich unsere bereits vertraute, äußerst kompetente Reisebürokauffrau als große Unterstützung, die telefonisch bei den Fluggesellschaften nachhakt und Buchungen abschließt, während wir unterwegs sind.

Sprachkurse gehören ebenso zu einer gründlichen Reisevorbereitung. Neben Englisch- sind in unserem Fall auch Spanisch-, Französisch- und Russischkenntnisse von zentraler Bedeutung.

Als wir den Großteil des Equipments zusammen haben, unternehmen wir mehrere Testfahrten mit den Rädern, darunter mehrwöchige Touren durch Ostdeutschland, Böhmen und eine Alpenquerung. Wir packen auf unsere Lastesel bewusst die komplette Ausrüstung, auch wenn gar nicht alles benötigt wird, um jedes Teil auf Herz und Nieren zu testen und ein Gefühl dafür zu entwickeln, ob wir so viel Gewicht überhaupt packen. Schnell zeigt sich, dass wir dringend ein größeres Nabenritzel brauchen, um steile Anstiege leichter bewältigen zu können. Mit so viel Ausrüstung sind wir auf den Testtouren tatsächlich die Einzigen, ein mitleidiger Blick auf unsere Räder entlockt so manchem E-Biker nur bestürzte Kommentare: „Warum fahrt ihr mit soviel Gepäck? Ich hab nur eine Kreditkarte und leichte Regenjacke dabei."

PAMIR, TADSCHIKISTAN

Schnell noch das Zelt gegen den Wind sichern. Das Flussbett ringsherum wird Stunden später unter Wasser stehen.

AUSRÜSTUNG – DAS BRAUCHTEN WIR UNBEDINGT

BASICS

- sturmsicheres Drei-Jahreszeiten-Zelt, dessen Außenhülle bis auf den Boden abschließt – das hält die Wärme drinnen und Sand draußen, besonders in sehr windigen Gegenden
- aufblasbare Isomatte und Daunenschlafsäcke, deren Isolationsfähigkeiten sich an den voraussichtlichen Minimaltemperaturen orientieren (in unserem Fall bis −15°C)
- hochwertige, schnell trocknende Kleidung für alle Jahreszeiten plus wind- und wasserdichte Hardshells als Oberbekleidung
- Sandalen bzw. Turnschuhe zum Radeln, leichte Stiefel zum Wandern
- Wasserfilter und Wassersäcke – letztere sind nicht nur unabdingbar in Wüstenregionen, sondern wir füllen sie auch allabendlich auf, um genügend Wasser für Körperwäsche und Abwasch zur Verfügung zu haben
- Powerbank, ggf. auch Solarpanel oder an den Nabendynamo angeschlossener Transformator zum Laden elektronischer Geräte unterwegs
- mehrere USB-Sticks und/oder Cloudzugang zur Mehrfachsicherung der Fotos und anderer Daten
- ultraleichter Tagesrucksack für Stadtbummel, Einkäufe und Kurzwanderungen
- Benzinkocher: in vielen Ländern sind Spiritus oder Gaskartuschen teuer und rar

- E-Book-Reader und Bibliothekszugang
- Ohrstöpsel!

ERSATZTEILE

- Reißverschluss-Zipper für das Zelt und Zahnbürste zur Reinigung der Reißverschlüsse
- Ersatzschrauben und -schnallen für die Radtaschen
- Nahtmaterial, Panzertape, Flicken und Kleber für Isomatten, Zelt, Radtaschen und Schläuche
- ein Mix aus verschiedenen Schrauben, Kabelbindern und Stahldrähten für dringende Reparaturen
- einen Ersatzschlauch und -reifen, Kettenschlösser, Bremsbeläge, Speichen, ggf. ein Fläschchen Hydrauliköl
- Bowdenzüge für Schaltung und Bremse

MEDICASE:

- ausreichend Desinfektionsmittel, Steri-Strips und Verbandsmaterial (bei großen Schürfwunden ermöglicht Fettgaze einen leichten und vor allem schmerzfreien Verbandswechsel)
- verschiedene Schmerzmedikamente, um bei Nebenwirkungen wie Magenschmerzen auf andere ausweichen zu können
- Schleimhaut erweiternde Nasentropfen (in sehr trockenen Gebieten schwellen die Schleimhäute schnell an, eine blockierte Nase erschwert das Atmen beim Fahren und Schlafen)

- verschiedene Antibiotika gegen Durchfall (Metronidazol wirkt Wunder gegen die besonders häufigen Giardien), Bindehaut- und Zahnwurzelentzündungen, Infektionen der Harnwege und weiblichen Geschlechtsorgane
- Mückenspray (auch um von Moskitos übertragenen Krankheiten zumindest etwas vorzubeugen)
- Sonnencreme (mindestens Lichtschutzfaktor 50)
- orale Kortisonpräparate im Falle einer schweren allergischen Reaktion
- am wichtigsten ist jedoch die Konsultation eines Reisemediziners im Vorfeld, der auch Informationen über Erregerresistenzen und die richtige Wahl der Antibiotika geben kann

UNSERE RÄDER

- robuste Reiseräder, die zwar für viele Asphaltstrecken überdimensioniert sind, aber auf den besonders üblen Abschnitten und auf Nebenrouten punkten
- gemuffte Stahlrahmen, die sich im Gegensatz zu Aluminium im Notfall überall schweißen lassen
- solide Gepäckträger und Lowrider aus Stahl
- hydraulische Scheibenbremsen mit gesinterten Bremsbelägen (letztere halten deutlich länger als die Standardbeläge)
- 14-Gang-Nabenschaltung
- „unplattbare" Reifen (wir kommen auf nur einen Plattfuß pro Laufrad alle 6.000 Kilometer!)

GEWICHT SPAREN – DAS BLIEB ZU HAUSE

- GPS-Gerät (ein Smartphone mit Offline-OSM-Karten ist ausreichend und das GPS wäre in China ohnehin konfisziert worden)
- Kissen (einfach die Kleidung unterlegen)
- Schlafsack-Inletts (wiegen auch 200 Gramm)
- knallbunte, hautenge Radbekleidung (Radreisenden ist ohnehin große Aufmerksamkeit gewiss, in manchen Ländern ist auffällige Kleidung zudem unangebracht)
- Gurte und Innenleben der Radtaschen (wir entfernen alles und sparen 1,5 Kilo)

DAS GING KAPUTT

- nach wenigen tausend Kilometern rauchte einer der Nabendynamos unerwartet durch –
klarer Fall von: Pech gehabt
- Sand und Vibrationen scheuerten den Gepäckträger an den Punkten durch, wo die Radtaschen aufgehängt werden (mit Kabelbindern befestigte Schlauchstücke schafften zuverlässig Abhilfe)
- nach 15.000 Kilometern gaben die Schaltzüge nach und nach ihren Geist auf – in bergigem Gelände sehr unangenehm
- die Rückspiegel überstanden nicht jeden Sturz
- bei eisigen Temperaturen brachen die Plastiksteckverschlüsse der Radtaschen
- die Isomatten und Wassersäcke wurden – sehr selten – von Dornen durchbohrt

SICHERHEIT

Unsere Tropenmedizinerin bringt es auf den Punkt: „Natürlich ist es wichtig, dass Sie sich rechtzeitig impfen lassen. Aber sehen wir mal den Tatsachen ins Auge: Die größte Gefahr ist doch immer noch ein Verkehrsunfall." In der Tat verschweigen wir manches Mal unseren Familien das Straßenchaos vor Ort, so hoch ist das Risiko eines Unfalls. Wir würden hier nicht schreiben, wären wir nicht manchmal beherzt in den Graben ausgewichen. Daher sind Rückspiegel in Großstädten, auf engen Landstraßen, aber auch bei brüllendem Wind, der jedes herannahende Auto übertönt, extrem wichtig. Viele außereuropäische Tunnel sind nicht ausreichend oder gar nicht beleuchtet. Nicht nur in diesen Momenten sind wir froh über eine kräftige Lichtanlage, befestigen aber zusätzlich noch unsere Stirnlampen im Blinkmodus an einer der Hinterradtaschen. Und dass ein Helm im Falle eines Sturzes die Wahrscheinlichkeit schwerer Kopfverletzungen senkt, versteht sich von selbst. Um riskante Überholmanöver bei Gegenverkehr abzuwenden, fahren wir mitunter in der Spurmitte. Das ist sicherer als von der Straße gedrängt zu werden. Selbst gebastelte Abstandshalter aus einer langen Gerte und einem roten Fähnchen sehen zwar albern aus, helfen aber erstaunlich zuverlässig. Letztlich ist man gut beraten, auf Nebenrouten auszuweichen. Diese sind zwar oft geschottert, aber meist auch landschaftlich attraktiver, ruhiger und vor allem sicherer.

Um die Räder vor Diebstahl zu sichern, nehmen wir ein 600 g schweres Faltschloss aus Stahl mit, die Laufräder sind zusätzlich durch Pitlocks gesichert. In Städten lassen wir die Räder nie unbeaufsichtigt stehen, nehmen sie nach Möglichkeit mit auf das Hotelzimmer oder parken im Restaurant – die Betreiber reagieren meist verständnisvoll. Während der Grenzübertritte, in Großstädten oder anderen dubiosen Gebieten tragen wir Bargeld, Ausweise und Kreditkarten in einem Bauchgürtel unter der Hose. Die Zweitpässe verstecken wir in einer der Radtaschen, die USB-Sticks entweder im Geldgürtel oder am Fahrrad. Diese redundante Sicherung mindert den Totalverlust im Falle eines Diebstahls – man müsste uns schon bis auf die Unterwäsche ausrauben.

Im Laufe der Reise finden wir allerhand tierische Untermieter im, am oder unterm Zelt: Skorpione, Taranteln, oder auch giftige, bratwurstlange Hundertfüßer. Immer wachsam sein: Schuhe vor dem Anziehen ausklopfen, beim Abbauen des Zeltes alles mit spitzen Fingern anfassen und die Hand nie an einen Ort stecken, den man nicht einsehen kann. In den tropischen Gebieten Südostasiens mussten wir unser Lager mehrmals mitten in der Nacht umstellen, da von unten wimmelnde Termiten gegen den Zeltboden klopften: Immer nach Ameisenstraßen oder Termitenlöchern schauen – die Insekten beißen sich durch jede Zeltplane.

In den USA und Kanada stellen wilde Tiere eine nicht zu unterschätzende Gefahr dar. Einmal besuchte uns ein Grizzly am Zelt, als wir gerade Pasta aßen. Eine Grizzlyfamilie lief plötzlich neben uns am Straßenrand, als wir auf dem Rad fuhren. Ein anderes Mal stand eine Elchkuh mit ihrem Kalb nur wenige Meter vor mir an einem Bach, an dem ich gerade abwusch – ich hatte sie glatt übersehen. Je nach Reiseregion sollte man sich gut über die Großwildtiere und richtigen Verhaltensweisen in Gefahrensituationen informieren. In Bärengebieten gehört ein Bärenspray stets griffbereit – regelmäßig verunglücken in Nordwestamerika Radfahrer bei überraschenden Begegnungen mit Grizzlys. Sämtliche Nahrungsmittel, Hygieneartikel, einfach alles, das interessant riecht, gehört am Lagerplatz entweder in eine Bärenbox oder hoch in die Bäume. Geeignete Seile gibt es in jedem Outdoorladen, hilfreiche Videoclips zuhauf im Internet. Diese Mühe ist lästig, aber nachts einen hungrigen Bären am Zelt zu haben, wohl der Albtraum schlechthin. Die häufigste tierische Gefahr geht jedoch von Hunden aus, die in manchen Ländern zähnefletschend die Verfolgung aufnehmen. Dabei gebissen zu werden, ist sehr unwahrscheinlich, viel größer aber die Gefahr, vor Schreck auszuweichen und in den Gegenverkehr zu krachen. Am besten laut schreien, die Hand zu einem angedeuteten (oder realen) Steinwurf erheben oder anhalten und mit der Trinkwasserflasche nass spritzen.

Vorsicht bei der Zeltplatzsuche: niemals in Flussbetten nächtigen, seien sie auch noch so trocken. Selbst sehr weit entfernte Gewitter können verheerende Sturzfluten hervorrufen. Bei stürmischem Wetter nicht unter morschen Bäumen zelten (Astbruch), in der Nähe von Steilhängen am besten gar nicht – Steinschlag-Gefahr.

Wer in großen Höhen unterwegs ist, sollte sich prinzipiell immer gut daran anpassen. Als Faustregel gilt, ab 3.000 m nicht mehr als 300 bis max. 500 m höher nächtigen als die Nacht zuvor und alle 1.000 m einen Ruhetag einlegen. Das klingt recht streng und ist auch nicht immer umsetzbar, z. B. in Wüstengebieten mit zu weit voneinander entfernen Wasserstellen. Letztlich lohnt sich aber eine gute Akklimatisation, denn schon eine leichte Höhenkrankheit (Appetitlosigkeit, Durchfall, Kopfschmerzen, Schlafstörungen) kann die Freude am Reisen verderben. Bei ausgeprägten Symptomen (starke Kopfschmerzen, Benommenheit, Erbrechen, neurologische Ausfälle) keinesfalls weiter drängen, sondern sofort absteigen!

Generell ist es wichtig, auf seinen Körper zu hören: Wir treffen immer wieder auf völlig ausgelaugte, dehydrierte oder ausgehungerte Radfahrer, die ihre Reise, zumindest auf dem Rad, abbrechen. Und zwar meist aus den gleichen Gründen: zu wenig Zeit für zu viel Strecke, zu viel körperliche Arbeit und zu wenige Ruhetage. Plant man, schwierigeres Terrain zu durchradeln, sollte man sich ehrlich die Fragen beantworten: Ist meine Kondition ausreichend? Die Psyche stark genug? Will ich das überhaupt? Eignet sich meine Ausrüstung?

Es ist ratsam, sich in heiklen Gebieten vorab über die Sicherheitslage zu informieren. Gute Anlaufstellen sind das Auswärtige Amt oder die Botschaften, Blogs, Foren und nicht zuletzt die Einheimischen. Letztere geben oft auch verlässliche Aussagen zur Wasserqualität. Dennoch: im Zweifel filtern!

WIE HÄLT MAN AUF DIE DAUER DURCH?

Dos und *Don'ts* für mehr Durchhaltevermögen:

DOS:

- weniger Augenmerk auf große Distanzen legen, sondern auf den Plausch am Wegesrand, einen Tee mit Einheimischen, ein Sonnenbad
- genügend Ruhetage einlegen und auch mal länger an einem Ort bleiben, wenn einem danach ist
- Puffertage berücksichtigen, um nicht in Zeit- und damit Fahrdruck zu geraten
- am eigenen Tempo und nicht an schnelleren Radreisenden orientieren ausgewogen und abwechslungsreich essen und trinken
- tägliche Körperpflege, und sei es mit Feuchttüchern oder Waschlappen: eine wichtige Belohnung am Tagesende, auch, um sich trotz des „Vagabundenlebens" wohler zu fühlen
- Pufferbudget einplanen, um sich nach harten Etappen etwas gönnen zu können

DON'TS:

- **eintöniges und minderwertiges Essen**
- **zu hohe Selbstansprüche und knappe Zeitplanung**
- **unzureichende Höhenanpassung**
- **unterdimensionierte Kleidung und Schlafsäcke – wir treffen niemanden, der wegen zu viel Gewicht abbricht, aber viele, die sich der Kälte nicht gewachsen fühlen**
- **qualitativ schlechte Ausrüstung, die an den Nerven zehrt und zum Abbruch einer Etappe oder gar der gesamten Reise führen kann**

LITERATUR UND LINKS ZUR REISEPLANUNG

HELMUT HERMANN UND THOMAS SCHRÖDER, FAHRRAD-WELTFÜHRER REISEFÜHRER, REISE KNOW-HOW VERLAG

Gelungenes Handbuch, das über vielfältige Grundlagen einer velomobilen Langzeitreise informiert, inkl. Routenvorschläge, klimatische und geografische Bedingungen, Gesundheitsvorsorge und Gefahren.

WWW.BROUTER.DE

Kostenloser Online-Routenplaner, der zwar ein wenig Einarbeitung benötigt, dafür sehr spezifische Präferenzen zulässt. So lassen sich beispielsweise unter Berücksichtigung der bevorzugten Höhenprofile oder Wegetypen auch sehr große Distanzen berechnen, und zwar weltweit. Standardmäßig stehen auch fertige Profile und eine Fülle von Open-Source-Kartenmaterial zur Verfügung.

WWW.ATMOSFAIR.DE/DE/KOMPENSIEREN/FLUG

Flüge mit der finanziellen Unterstützung von Klimaschutzprojekten kompensieren zu wollen, ist umstritten, schließlich ist der größte Klimaschutz nicht die Reinwaschung des eigenen Gewissens, sondern der Verzicht auf das Fliegen selbst. Dennoch vermitteln CO_2-Rechner ein ungefähres Bild des damit verbundenen CO_2-Ausstoßes. Schon ein einziger Interkontinentalflug kann die Hälfte des jährlichen Durchschnittsausstoßes eines deutschen Bundesbürgers übersteigen.

WARMSHOWERS.ORG

Ähnlich dem Couchsurfing-Konzept beherbergen hier Einheimische Radreisende kostenlos. Ideal für den transkulturellen Austausch, Informationen über bevorstehende Abschnitte und um die „Batterien" wieder aufzuladen.

DAVID WERNER, WO ES KEINEN ARZT GIBT – MEDIZINISCHES HANDBUCH ZUR HILFE UND SELBSTHILFE, REISE KNOW-HOW VERLAG

Auskunft über häufig auftretende Reiseerkrankungen, Impfungen und Prophylaxe sowie Erste-Hilfe-Maßnahmen.

WWW.SGGM-SSMM.CH/DE/MEDIZINISCHES/HOEHENKRANKHEITEN/AMS

Die Schweizerische Gesellschaft für Gebirgsmedizin klärt detailliert über Ursachen, Symptome und Therapie der Akuten Höhenkrankheit (AMS) auf – und wie man ihr vorbeugt.

WWW.AUSWAERTIGES-AMT.DE

Das Auswärtige Amt bietet nicht nur aktualisierte Reise- und Sicherheitshinweise, sondern auch einen Überblick über Wirtschaft, Politik, Kultur und Bildung der Länder.

FREEDOMHOUSE.ORG

Wissenschaftlich fundierte Erläuterungen über die aktuelle gesellschaftspolitische Lage und Entwicklungen in fast allen Ländern der Welt.

WWW.AMNESTY.DE/INFORMIEREN/LAENDERBERICHTE

Aktuelle Informationen zur Menschenrechtslage für viele Länder einzeln abrufbar.

ONLINE VPN-VERGLEICHSPORTALE

Nicht nur in China muss man einen VPN installieren, um auf gesperrte Websites wie Google, Warmshowers und Wordpress-Blogs zugreifen zu können (aktuelle Gesetzeslage beachten).

APP-GEFÜHRT

„Der Zufall, wenn man ihn wirklich walten lässt, ist gar nicht blind, wie man ihm nachsagt, sondern schlau und witzig. Man muss ihm nur wirklich ganz vertrauen. Pfuscht man ihm ins Handwerk und hilft selbst nach, dann kommt Stümperhaftes heraus, woran man ihm fälschlich schuld gibt. Wenn man ihm ruhig alle Macht läßt und ihm vollkommen gehorcht, dann erreicht er meistens das Richtige, und zwar rasch und wild und ohne Umwege."

– Anna Seghers, Das siebte Kreuz (1942)

Viel zu wenig lassen wir dem Zufall freien Lauf. Die Arbeit, auch unsere Freizeit sind durchstrukturiert, schlechte, gute oder auch völlig berauschende Überraschungen und Begegnungen werden damit weitestgehend aus dem Leben eliminiert. Dem sicher-sterilen Alltag entfliehen, sich treiben lassen und vertrauen, nicht zu wissen, wohin einen der Tag führt – das ermöglicht Daniel und mir das Radreisen. Doch sogar dabei tragen wir die Fessel der Fremdbestimmtheit immer am Mann: das Smartphone. Die größte Gefahr für den „schlauen, witzigen Zufall" unterwegs ist, sich zu sehr auf Apps zu stützen.

Nach 20 Monaten auf den Rädern treffen wir entlang der Carretera Austral im Süden Chiles auf die neue Generation Radreisender, die bereits morgens weiß, wo abends das Zelt steht. Der Grund: Alle richten sich nach ein und derselben App. Zur Verdeutlichung der Umstände: Wir sind in Aysén, einer Region Patagoniens, spärlicher besiedelt als Sibirien. Oft bietet die Wildnis so viele schöne Lagerplätze, dass wir uns kaum entscheiden können. Viele kommen trotzdem nicht ohne Smartphone aus, das neben den GPS-Koordinaten auch die Nutzerbewertungen der „wilden" Campingspots ausspuckt. Auf manchen würden laut App sogar „4 Zelte passen". Das wäre ein Traum, im menschenleeren Patagonien aufs Nacktduschen verzichten und mit drei weiteren Parteien frühstücken zu müssen, weil sich alle zum gleichen Flecken Wildnis haben navigieren lassen. Ein Verzweifelter ruft uns auf dem Weg ins stürmische Feuerland noch hinterher: „Keine Chance da unten einen windgeschützten Platz zu finden, ohne die App überlebt ihr nicht!"

JALAL-ABAD, KIRGISTAN

„Unterhaltung" über Aydans bevorstehende Hochzeit

So viele Glücksmomente über selbst entdeckte Zeltparadiese würden wir uns vorenthalten, so vielen Hilfsbereiten nicht begegnen, würden wir dem Zufall „ins Handwerk pfuschen“ und eine solche Campingapp bemühen.

Ziemlich aufgeschmissen dagegen sind wir auf dem Land in China, da das GPS-Modul unseres Smartphones streikt. Manchmal fahren wir mehrere Stunden auf Autobahnen in die falsche Richtung. Alle Straßenschilder sind in chinesischen Hieroglyphen verschlüsselt, nach dem Weg fragen können wir auch niemanden, denn selbst die Aussprache vermeintlich einfachster Ortsnamen wie „Dali“ ruft immer wieder verzerrte Gesichter und Schulterzucken hervor. Wie viel entspannter und sicherer lässt es sich durch asiatische Megastädte und auf spannenderen Nebenstrecken auf dem Land radeln, wenn man vom Smartphone sprachgeführt und geleitet wird.

Auch ein Offline-Sprachübersetzer erweist sich (nicht nur in China) als nützlich und entlockt manch Einheimischen gar das ein oder andere Geheimnis. In Kirgistan stellen wir das Zelt bei Aydan und ihrer Familie auf. Aydan könnte mit ihren kindlichen Zügen und glänzend tiefschwarzen Haaren die Titel aller Modemagazine zieren. Ich frage mittels Offline-Übersetzer, ob die 20-Jährige verheiratet sei. Alle lesen und schütteln den Kopf. Während die Mutter Fladenbrot, Salat und Suppe auftischt, Daniel mit Händen und Füßen mit dem Vater scherzt, reicht mir Aydan plötzlich ihr Smartphone. Und verrät mir ein Geheimnis, in das nur Mutter und Tochter eingeweiht sind:

„Ich habe einen Freund, den ich im Sommer heiraten werde. Meine Mutter kennt ihn bereits und wir wollen meinen Vater mit einer großen Hochzeitsfeier überraschen.“ Nun tippen wir Frauen alle drei hektisch auf die Displays, tauschen uns via Übersetzungsapp über Aydans Kleid, die Anzahl der Gäste (mehrere Hundert), das Festessen und natürlich den baldigen Bräutigam aus. Das alles, während der Vater nichtsahnend und lachend mit Daniel scherzt.

Wie viele Apps braucht es, ab wann hört das Reisen und vor allem das Ungeplante auf? Wann fängt die Smartphone-geführte Tour an? Folgende Apps haben sich als hilfreich erwiesen und dem Unverhofften dennoch Raum gelassen:

- **OsmAnd+ mit Höhenlinien-Paket** für die weltweite offline-Navigation auf Fernstraßen, Schleichwegen oder Wanderpfaden
- **Meteoblue und Windy** für eine detaillierte Wettervorhersage inklusive Windrichtung und -stärke
- Offline-Sprachenübersetzer
- Apps zum Erlernen von Fremdsprachen
- Währungsrechner
- **Photopills** oder **Exsate Golden Hour** zur Fotografieplanung

(UN)GEPLANTE MUTPROBEN – ABENTEUER, AUF DIE WIR HÄTTEN VERZICHTEN KÖNNEN

1

SANDSTURM IM PAMIR

In knapp 4.000 m Höhe bricht ein Sandsturm los. Fliegende Reißzwecken in den Augen und der Nase, Sand knirscht zwischen den Zähnen. Wir brechen ab, sichern unser Zelt mit Sandheringen, Steinen und Felsen und harren aus.

2

ZELTEN IN LAOS

Ameisen, bewaffnete Wilderer, giftige Hundertfüßer, Minengefahr – das Zelten in Laos wird zur Nervenprobe. In einer einzigen Nacht müssen wir das Zelt dreimal umstellen, weil wir auf einem ausgedehnten, unterirdischen Termitenbau lagern.

3

KAMIKAZEFAHRER IN KIRGISTAN UND MONTANA

Die Kirgisen fahren, wie sie Pferde reiten: wild und heißblütig. Im US-amerikanischen Bundesstaat Montana dagegen werden wir mehrfach absichtlich von der Straße gedrängt. Selbstgebastelte Abstandshalter vermitteln zumindest ein etwas sichereres Gefühl.

4

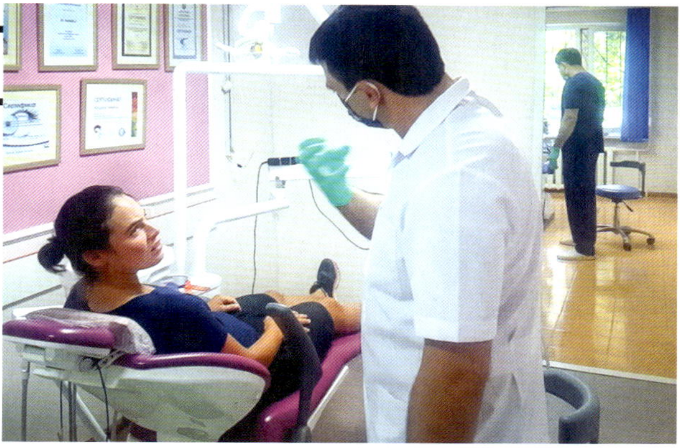

CLAUDIAS ZAHNARZTBESUCH IN BISCHKEK

In Kirgistan muss Claudia zum Zahnarzt. Sie hatte auf einen Kieselstein gebissen, versteckt in einer Aprikose, getrocknet am Straßenrand.

5

GRIZZLY AM ZELT

Im Glacier Nationalpark, Montana: Während wir Spaghetti schlürfen, spaziert ein ausgewachsener Grizzly direkt am Zelt vorbei.

6

STURZ IN LAOS

Claudia stürzt an einer laotischen Baustelle, weil ihr schwindelig wurde. Unter der tropischen Sonne wuchsen binnen weniger Tage Algen in den Trinkflaschen. Sie ekelte sich so sehr, dass sie zu wenig trank.

7

STEPPENDURCHQUERUNG IN TURKMENISTAN

Ein berüchtigtes Stück der Seidenstraße ist die Durchquerung Turkmenistans: Für 500 km räumt das Transitvisum nur fünf Tage Zeit ein. Und das bei Gegenwind und über 40 Grad im Schatten.

8

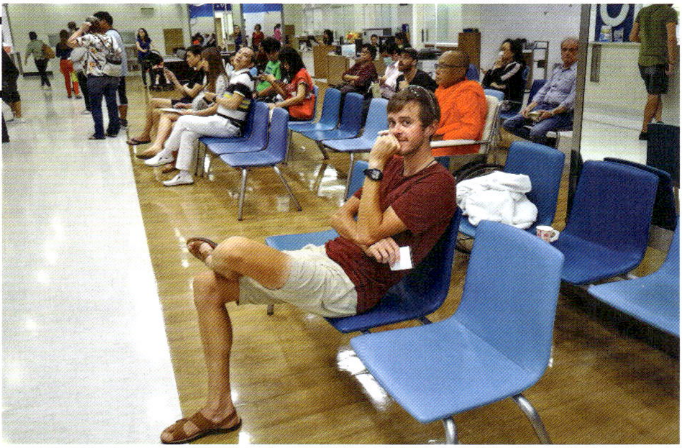

DANIEL IN EINEM THAILÄNDISCHEN KRANKENHAUS

Parasiteninfektion, eitrige Luftröhrenentzündung mit Fieber, Schüttelfrost und Gewichtsverlust: Daniel bleibt nur der Besuch eines thailändischen Krankenhauses.

ENDLICH ZEIT ZUM LESEN! AUSWAHL UNSERER ZELTLEKTÜRE

ASIEN

Andreas Altmann, Der Preis der Leichtigkeit: Eine Reise durch Thailand, Kambodscha und Vietnam

Chetan Bhagat, What young India wants

Christoph Rehage, The Longest Way: 4646 Kilometer zu Fuß durch China

Denise Chong, Das Mädchen hinter dem Foto: Die Geschichte der Kim Phuc

Khaled Hosseini, Der Drachenläufer

Jon Krakauer, In eisigen Höhen

Stephan Orth, Couchsurfing im Iran: Meine Reise hinter verschlossene Türen

EUROPA

Harald Welzer, Die nachhaltige Republik: Umrisse einer anderen Moderne

Jörg Schindler, Stadt-Land-Überfluss: Warum wir weniger brauchen als wir haben

Robert Harris, Vaterland

Robert Menasse, Die Hauptstadt

Timur Vermes, Die Hungrigen und die Satten

NORDAMERIKA

Hubert Selby Jr., Requiem für einen Traum

Joachim Meyerhoff, Alle Toten fliegen hoch: Amerika

John McPhee, The Control of Nature

Jon Krakauer, In die Wildnis: Allein nach Alaska

Morton Rhue, American Hero

Robert Merle, Die geschützten Männer

Steven Levitsky und Daniel Ziblatt, Wie Demokratien sterben: Und was wir dagegen tun können

SÜDAMERIKA

Andreas Altmann, Reise durch einen einsamen Kontinent: Unterwegs in Kolumbien, Ecuador, Peru, Bolivien und Chile
Gabriel García Márquez, Der General in seinem Labyrinth
Pablo Neruda, Ich bekenne, ich habe gelebt
Ines Garland, Wie ein unsichtbares Band
Isabel Allende, Das Geisterhaus
Isabel Allende, Paula

UM DIE WELT

Peter-Matthias Gaede, Frühstück in Timbuktu – Abenteuerliche Geschichten aus GEO
Helge Timmerberg, Die Straßen der Lebenden: Storys von unterwegs
Andreas Altmann, Gebrauchsanweisung für die Welt
Ken Follett, Die Jahrhundert-Trilogie
Rutger Bregman, Utopien für Realisten

FORGGENSEE, DEUTSCHLAND

BEWUSSTER REISEN – WAS WIR HEUTE ANDERS MACHEN WÜRDEN

Mariella verkauft Empanadas in den Gassen Purmamarcas. Die Argentinierin sorgt sich über die Sonne, die immer heftiger brennt: „Selbst ich Indigene trage jetzt Sonnencreme auf." Bauer Milagro erzählt: „Ich habe große Angst vor dem Wassermangel." Er pflanzt im Norden des Landes Möhren an. Vier Kinder zieht er groß, pflegt seine Eltern, doch ob der Fluss noch bis an sein Lebensende Wasser führen wird? „Veremos." Mal sehen. Auch der Erdrutsch von Santa Lucia, der Claris' Dorf zerstörte („Desaster"), ist eine Folge steigender Temperaturen und der immer weiter schmelzenden Andengletscher. Mariella, Milagro, Claris, in den von uns besuchten Ländern Südamerikas weiß selbst die zahnloseste Alte um den *cambio del clima. La contaminación*, Fabriken und Plastikmüll seien daran schuld, doch keiner zeigt auf uns, die Hauptverursacher aus dem Westen. Dabei zählen die Bewohner der Andenländer zu den Hauptleidtragenden des primär vom Globalen Norden verursachten Klimawandels.

Laut Atmosfair beträgt das klimaverträgliche Jahresbudget eines Menschen nicht mehr als 2,3 Tonnen CO_2, um jene Grenze noch einhalten zu können, bei der sich die Atmosphäre bis 2050 im Vergleich zum vorindustriellen Zeitalter um nicht mehr als zwei Grad erwärmt. Dabei stößt der Durchschnittsdeutsche laut Umweltbundesamt aktuell etwa neun Tonnen jährlich aus, wir selbst kamen vor der Tour auf 6,5. Rückblickend liegt auch auf der Radreise ein schwarzer Schatten: Als wir einen CO_2-Rechner bemühen, trifft uns der Schlag. Zwar waren wir auf dem Rad ressourcenschonend unterwegs, doch das dadurch eingesparte Kohlendioxid pusteten wir locker im Flieger in die Luft. Obwohl wir als Radreisende sehr umweltschonend lebten – zwei Jahre lang überwiegend im Zelt, nie heizten, kaum Strom verbrauchten, meist lokal aßen und wenig konsumierten – fiel unsere Ressourcenbilanz noch schlechter als zu Hause aus und verfehlte das 2,3-Tonnen-Ziel bei Weitem. Im ersten Jahr der Reise flogen wir von Frankfurt nach Teheran (pro Person 970 kg CO_2), vom chinesischen Kaschgar über Urumqui nach Kunming (950 kg) und von Thailand nach San Francisco (4.690 kg). Auch im zweiten Jahr überbrückten wir große Distanzen im Flieger: von Los Angeles nach Santiago de Chile (2.600 kg) und von Ushuaia via Buenos Aires nach Madrid (3.980 kg). 6,6 Tonnen Kohlendioxid emittierte jeder einzelne von uns allein durch die Fliegerei – pro Jahr. Hinzukommen weitere Emissionen, die bei der Herstellung unserer Ausrüstung anfallen, dem Versand von Paketen, der Produktion von Verbrauchsartikeln und Nahrungsmitteln.

Radtouren in ferne Länder sind im Trend. Größere Distanzen aus eigener Muskelkraft zurückzulegen, gilt als besonders umweltfreundlich, ressourcenschonend und nachhaltig. Dabei wird jedoch allzu oft die lange und extrem klimaschädliche An- und Abreise im Flieger übersehen. Wir können noch so oft auf ein eigenes Auto verzichten, weniger heizen, Abfall vermeiden oder vegan

LA POMA, ARGENTINIEN

Bauer Milagro bangt um seine Felder

leben – schon ein einzelner Langstreckenflug verbrät locker das gesamte klimafreundliche Kohlendioxid-Jahresbudget. Zwar lassen sich die verursachten Emissionen durch Investitionen in nachhaltige Programme bis zu einem gewissen Grad kompensieren, die einzig wirkliche Einsparmöglichkeit besteht derzeit jedoch im Verzicht.

Nach knapp anderthalb Jahren auf den Rädern sehnten wir uns nach etwas „Häuslichkeit", einem eigenen Bad, sauberer Küche und vor allem Privatsphäre. Deshalb buchten wir in Santiago de Chile über *Air BnB* ein günstiges Privatapartment, genauso im argentinischen Mendoza und Buenos Aires. Der Grundgedanke *Air BnBs*

ALOTA, BOLIVIEN

Wilde Mülldeponie – wir sparen Plastikflaschen durch die Verwendung von Wasserfiltern und -säcken

gefällt uns nach wie vor: Einheimische, die gegen Geld ein Zimmer in ihrer Wohnung an Reisende vermieten. So taucht man schneller in das Land ein, erhält authentische Reisetipps und nutzt dabei noch gemeinsam Platzressourcen. Die Kehrseite der Plattform: Nicht selten werden ganze Wohnungen gänzlich und ausschließlich als touristische Herbergen zweckentfremdet und stehen dem Wohnungsmarkt nicht mehr zur Verfügung. Besonders in Großstädten wie Berlin oder München, aber auch unzähligen anderen Metropolen der Welt trägt *Air BnB* zum Wohnraummangel bei. Hat das Zelt also einmal Pause, verzichten wir inzwischen auf Privatapartments und achten darauf, tatsächlich in einem Zimmer im Haus der *locals* unterzukommen.

Zuletzt zwei Dinge im Umgang mit Einheimischen. Zum einen fiel es mir anfangs manchmal schwer, Ruhe und Geduld zu bewahren, vor allem wenn ich Hunger hatte, fror, mir zu viele Neugierige meine Privatsphäre stahlen oder ich einfach müde war. Um nicht unhöflich zu wirken, habe ich mich bei den Einheimischen vorauseilend entschuldigt, ich sei sehr müde oder hungrig. Damit war klar, weshalb ich nicht mein strahlendstes Lächeln zeige oder hastig einkaufen möchte. Meist gewann ich damit mehr Verständnis, Mitgefühl und konnte Missverständnissen vorbeugen.

Zum anderen bereuen wir es, uns keine Grundkenntnisse in Russisch angeeignet zu haben. Das hätte uns in Zentralasien sicherlich noch häufiger mit den Kirgisen, Usbeken, Tadschiken und Kasachen ins Gespräch gebracht. Mit Englisch, Spanisch und Französisch fühlten wir uns in den anderen Gebieten dafür gut aufgestellt. Wer wirklich eine solche Langzeitreise unternehmen möchte, dem können wir nur ans Herz legen: Lern die Landessprache! Zwar ist die Kommunikation mit Offline-Apps, Händen und Füßen immer möglich, ein Sprachkurs im Vorfeld der Reise steigert aber die Vorfreude und bewährt sich unterwegs allemal.

HUNZA, PAKISTAN

Viele Pakistani sprechen Englisch und lassen sich auf offene Diskussionen ein

GORGAN, IRAN

Irgendwann fragen wir nur noch die Iranerinnen nach dem Weg – sie können meist besser Englisch als ihre Männer

Wir freuen uns über Rückmeldungen zu diesem Buch per E-Mail an info@reise-know-how.de.